# 早く正しく決める技術

ライフネット生命保険株式会社 会長兼CEO
出口 治明

日本実業出版社

# はじめに

若いリーダーのために「早く正しく決断する技術」について教えてほしいという話をいただいたことから、この本を書くことになりました。

どうやら私は、決断力があるという印象を持たれているようです。

理由のひとつは、私が60歳を過ぎて生命保険会社をゼロから開業したことにあるのでしょう。「よく決断されましたね」と言われることが多々あります。このときの決断は、話を持ちかけられてその場で即答というスピーディーさでした。

きっかけは、あすかアセットマネジメントの谷家衛さんを友人に紹介されたことです。生命保険を勉強したいため詳しい人を探しているとのことで、私は友人からの紹介は断らないことにしていますから、すぐに連絡をとりました。2006年の3月の話です。

ホテルのロビーで谷家さんにはじめてお会いし、生命保険の現状について話をしたところ「こんなに保険に詳しい人に会ったのははじめてです。全力でサポートしますから、僕の会社に来てください。一緒に保険会社を創りましょう」と唐突に言われました。谷家さんの感じがよかったので、直感で「いいですよ」と即答してしまったのです。

当時私は日本生命の実質的な子会社である大星ビル管理で働いていたのですが、この出会いから3か月後の株主総会で、取締役を辞任しました。

ベンチャー生保立ち上げのパートナーは、親子ほど年の離れた岩瀬大輔君です。私が谷家さんに「若くて生命保険を知らない人」を紹介してほしいと言ったら、その場で岩瀬君を紹介されました。

こうして、戦後初のゼロから立ち上げた独立系の生命保険会社「ライフネット生命保険」は2008年5月18日に、無事誕生することができました（詳しい経緯は『直球勝負の会社』（ダイヤモンド社）に書いています）。

ライフネット生命立ち上げ時の骨格となるアイデアは、「保険料を半分にして、安心して赤ちゃんを産める社会を創りたい」「保険料の不払いをゼロにしたい」「生命保険商品の比較情報を発展させたい」の3つでした。これらを実現させるためには、独立系の生命保険会社を作る他なかったのです。

その後も、ライフネット生命を軌道に乗せるためにさまざまなアイデアを実行していますが、いうなれば決断の連続です。

これは私が特別なのではなく、そもそもトップの仕事とはそういうものです。さらにいえば、対象や範囲は異なりますが、新入社員から経営者に至るまで、皆何かしらの決断を日々行なっているのだと思います。それが仕事というものです。

本書では、余計なことに考えを邪魔されず、早く正しく物事を決めるために、僕が必要だと思うことをお伝えしていきたいと思います。

ささやかな本ではありますが、読者の皆さんの「決断力」の向上に少しでもお役に立てれば、これほど嬉しいことはありません。この本が世に出たのは、日本実業出版社の多根由希絵さんと、ライターの小川晶子さんのおかげです。本当にありがとうございました。

読者の皆さんのご批判やご感想等をお待ちしています。

（宛先）hal.deguchi.d@gmail.com

２０１４年３月　　ライフネット生命保険株式会社社会長兼ＣＥＯ　出口治明

Contents

Chapter 2
## 「数字」「ファクト」「ロジック」で物事を組み立てる
世界共通の「決める」仕組み

Chapter 3

# チームで決めるためのルールの作り方

決められない人を「決められる人」に変えるために

Chapter 4

## 動きながら完成させる

トライ&エラーで修正しながら進める



Chapter 5

## 1%の直感に従うために

大切な瞬間ほど直感は閃く

カバーデザイン／ソウルデザイン（鈴木大輔）
本文デザイン・組版／ムーブ（新田由起子）

序　章

# 決められる人が物事を進められる

## ——自分のアタマで考えた人が評価される時代に

# 01 考えて決断する人が、物事を動かす

## 日本人は決められない？

誰かに決めてほしいなあと思ってしまう……。
決断をついつい先延ばしにしてしまう……。
一度決めても、それが正しいのかどうか不安になる……。

そんな悩みをよく聞くことがあります。
なぜ、決断することができないのでしょうか。

決断力の弱さを、日本人の特徴として捉える見方があります。

おおざっぱにいって、曖昧なままにしておくことを好む民族だという話です。

しかし僕はこれには大いに異論があります。

日本人の決断力が仮に弱いとしたら、それは日本人の特徴ではなく、いわゆる戦後の１９４０年体制、高度成長のもとで、たまたま決断力が弱まっているだけだと思うのです。

そもそも人間の意識は、その育った社会の常識を映す鏡に過ぎません。

たとえば、読者の皆さんに、明日、かわいい赤ちゃんが生まれるとします。明後日、その赤ちゃんを飛行機に乗せてワシントンに養子に出します。10年後に再会したら、皆さんの赤ちゃんは、日本人でしょうか、アメリカ人でしょうか。問うまでもありませんね。

すなわち、民族の特徴などというものは、およそこの世に存在しないのです。人間は、ホモ・サピエンスという同じ種なのですから。

さて、決断力の話をする前に、メディアに対する信頼性の問題について少しお話してみたいと思います。

あなたは新聞を読んでいますか？

近年、若者を中心に新聞離れが進んでいるといわれます。

日本新聞協会の調査によれば、２０００年には人口１０００人あたり５７０部の新聞が発行されていたのに対し、２０１４年には４６９部まで落ち込んでいます（13％の減少）。

とはいえ、諸外国に比べれば日本はまだまだ新聞大国です。成人人口１０００人あたりの発行部数を比べてみると、米国（１８３部）、中国（１１０部）、英国（２４７部）、ドイツ（２５４部）、フランス（１７７部）等を圧倒する新聞大国であることがわかります（２０１２年、日本新聞協会調べ）。

そして、ここに面白いデータがあります。

メディアに対する信頼度を国際比較したデータです（図０－１。２００５年、World Values Survey による）。

## 図 0-1　新聞・雑誌に対する国民の信頼度

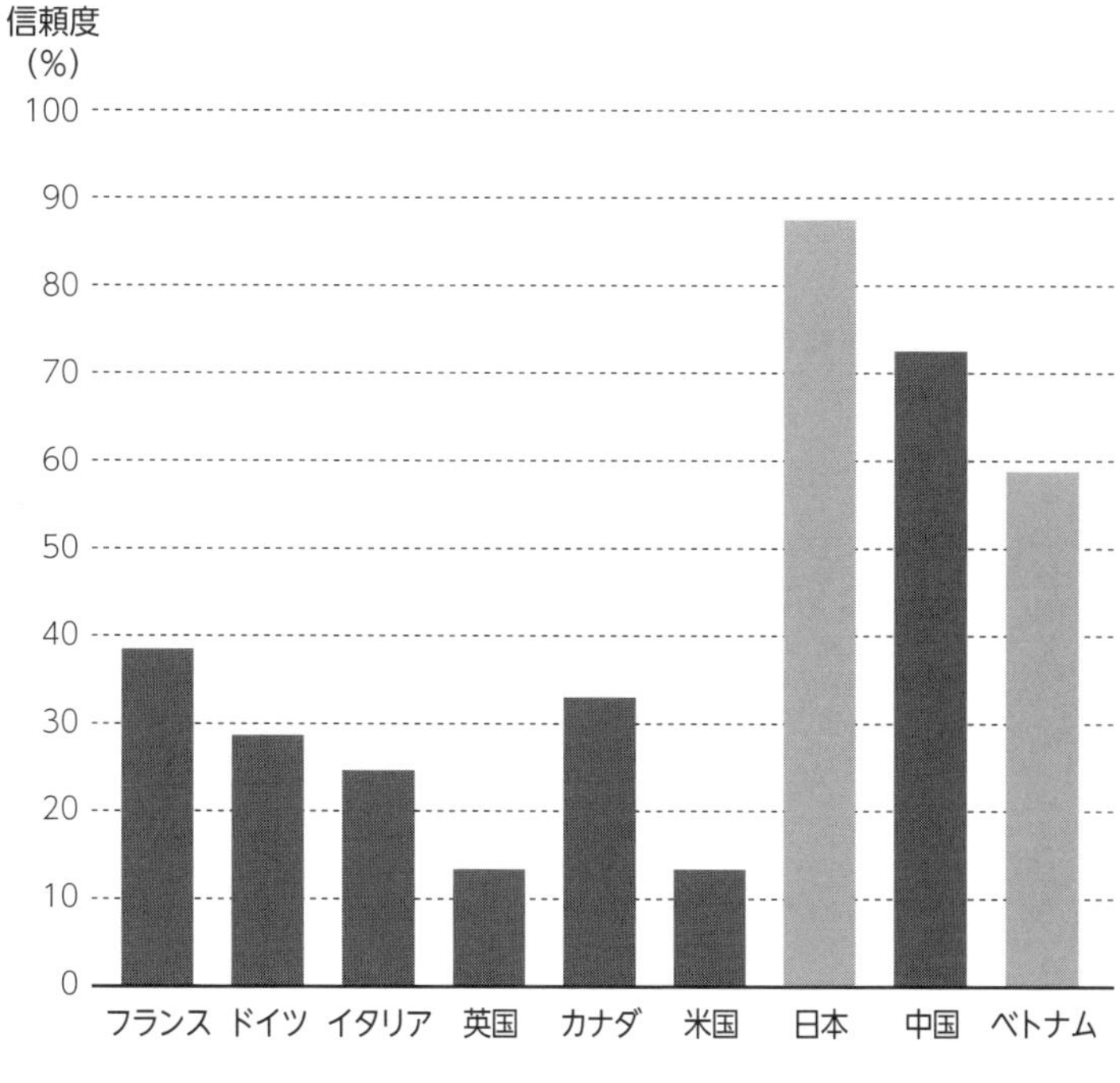

新聞・雑誌を「非常に信頼する」「やや信頼する」と回答した人の割合が、日本はダントツの80%超という結果です。

棒グラフが濃く塗られているのがG7の国ですが、比較的メディアへの信頼度が高いフランスでも4割弱。イギリスでは1割ちょっとの人しかメディアを信頼していません。

このデータを見せると、多くの人が驚きます。

「外国人は、そんなにメディアを信用していないのか!」

しかし、海外から見れば、特殊なのはむしろ日本のほうでしょう。今なお依然として群を抜いた新聞大国であり、市民が新聞を信頼しすぎているという状況なのですから。

## 自分のアタマで考えなくてよかった時代

このような状況を作っているのが、1940年体制だと思います。

１９４０年体制とは、経済学者の野口悠紀雄氏が著書『１９４０年体制　さらば戦時経済』（東洋経済新報社）の中で「日本の戦後の経済体制はいまだに戦時体制である」ことを指摘する際に使っている言葉です。１９４０年頃は、国民全体が一丸となって生産力を増強、戦略を完遂するために、終身雇用、年功序列賃金を代表とする「日本型企業」、集団主義、平等主義の「日本型経営」の原型が形成されはじめた時期です。

そしてその後の戦後の復興期は、アメリカをモデルに頑張って生産力を高めていけば、国が豊かになるとわかっていた時代です。多様性よりも、集団で一致団結してひとつの方向に向かうことが大切でした。１９４０年体制というシステムは、完全にその時代の要請に応えるものでした。そして、日本は驚異的な経済成長を遂げることになります。

高度成長期は、いわば、**何も自分のアタマで考えなくてよかった時代**です。

戦争で焼け野原になった日本は、これからどうやれば国を立て直せるのかと考えたとき、アメリカのように加工貿易立国を目指せばいいと思ったのです。日本にもＧＭ（ゼネラル・モーターズ）やＧＥ（ゼネラル・エレクトリック）のような企業を作れば、ガンガン輸出ができて豊かになれるはず。アメリカのような経済大国を目指したい。そうしなければ復興はできない。

つまり目的も方法もわかっていたわけですから、あとは誰かが経営資源を配分すればいいだけの話です。

霞が関の役人が復興プランに沿って資源を配分し、市民は何も考えず言われた通りに働けば、夢のような高度成長を実現することができたわけです。このような時代を背景にして、新聞・雑誌を信頼する（＝自分のアタマで考えない）雰囲気が社会全体に行き渡ってしまったのです。

## 考えなくていい時代は、何もしないほうが歓迎された

日本が国連に加盟した（国際社会に復帰した）１９５６年から、バブル後の１９９０年までの34年間の実質経済成長率は約７％です（この間マイナス成長になったのは、第１次オイルショックのとき１回しかありません）。

７％成長が34年間も続くとは、どういうことかわかりますか？

イメージするために、ここで「72のルール」を使ってみましょう。

72のルールとは、金利の複利効果、すなわちスノーボール（雪だるま）がどのようにふくらむかを示す簡易式で、その内容は次の通りです。

**〈72のルール〉**

**72÷金利（％）＝元本が倍になる年数**

この式によって、たとえば金利が８％であれば、わずか９年間で１００万円が倍の２００万円になることがわかります（72÷８％＝９年間）。

ここで金利は経済成長率とほぼイコールだと考えれば、72÷７％＝約10年。つまり、約10年で経済規模が倍になることがわかります。

つまり、７％成長が続いた高度成長期は、10年で経済規模が倍、その次の10年でさらに倍……が34年間も続いたとんでもない時代だったのです。

そんな時代は、極端なことをいえば何もしない社長のほうが歓迎されるでしょう。新しいこと（＝みんなと違うこと）をやれば、一般論では成功と失敗の確率は五分五分です。下手なことをすれば大きなリスクがあるのに対し、時流に黙ってのっていれば10年で売上が倍になるのです。

社員にしても、みんなと同じことをしていれば給料は勝手に上がっていきます。自分のアタマで考えることはむしろ邪魔で、言われた通りに頑張って働くことが重要でした。

だから、今の日本人が自分のアタマで考えなくなっているのは、決して日本の国民性などというものではなく、１９４０年体制（高度成長）の単なる名残なのです。

## 考えて決断する人が評価される真っ当な時代になった

ところが、今の日本の経済はどうでしょうか？

ご存じの通り、ゼロ成長です。金利もゼロに張りついています。当然ですが、もはや放っておいても10年ごとに経済規模が倍になるなんていう世界はありえません。

それなら、アタマを使うしかないでしょう。自分のアタマを使ってよく考えて、リスクをとる。成功すれば企業の成長率は上がり、ダメなら下がるというごく当たり前の社会になったのです。

**これが普通の人間の社会なのです**。アタマを使ってよく考えて頑張った人にはリターンがあるし、サボった人は損をするという至極真っ当な社会です。

仕事では、まず決断すること。そして行動し、成果を出していくことです。

きちんと考えれば、決めること自体はさほど難しくはありません。

さらにいえば、決めたからといって、それが永続的に続くわけではなく、実行しながらそれを修正していけばいいわけです。

しかし、最初に「決める」ことができなければ、一切物事は動きません。

「きちんと考えれば、決めることは難しくはありません」と書きましたが、今、自分のアタマで考えるクセがついていない人でも大丈夫です。この本では、シンプルに考えて、正しく決めるルールやコツを紹介していきたいと思います。一朝一夕に身につくものではありませんが、できるものからトライしていってください。

Chapter 1

# なぜ、正しく決断できないのか

## ——80%のどうでもいいことが「決断」を鈍らせる

# 01 「決める」のは、本当はシンプルなこと

## 「どちらのほうがベネフィットが高いか」で選ぶのが原則

実は仕事の中での決断は、プライベートの場合に比べて決して難しくはありません。

どのような商品を開発するか、どういうサービスが必要かといったことから、会議を設定するとか会社の備品を買うといった日常の仕事で必要なことまで、それぞれに明確な目的があります。迷ったらその目的に照らし合わせて、どちらがより効果が高いか、合理的かを純粋に考えればそれでいいのです。

**「迷ったら、どちらのほうがベネフィット（便益）が高いかを考える」**のは仕事の鉄則です。事業にとってマイナスのものを選ぶ理由は何ひとつありません。

どのような仕事であれ、目的がある以上は、丁寧に分析していけば正解にたどりつけるはずです。不確定な要素は常にありますから１００％は無理ですが、90％くらいの正解なら誰でも導き出せるのです。

ところが実際には、なかなか正解にたどりつけないことが多いようです。決めることは決めたとしても、「正しい」とはいえない。むしろ間違った方向に向かってしまう。それはなぜなのでしょうか。

理由は、**「余計なこと」を考えてしまっている**からです。

## 「余計なこと」が決断を鈍らせる

たとえば、ある企画を上司に提案するとしましょう。いくつかアイデアを出した後、最もいいと思われるものをひとつ決め、持っていかなければなりません。しかし、なかなか決めることができない……というとき、次のようなことを考えてしまっていませんか？

「こういう案は、あの上司は嫌いだからなあ」（上司の顔色、好き嫌い）
「はじめての試みだから、面倒なことが多いな。自分にはできないかも」（自分の経験の有無）
「以前同じような案件が最後にひっくり返ったから今回もダメだろう」（過去の失敗体験）
「前にうまくいった事例と同じだから、これならＯＫが出そうだ。こっちにしておこう」（成功体験）
「自分のポリシーとは違うから、やめよう」（自分の仕事の哲学など）

これらはいずれも、正しい決断を邪魔する「余計なこと」です（図１－１）。

本来の仕事の目的に関係がない私情や社内のポリティックスによって、まともな判断ができなくなってしまっているのです。

Ａ案、Ｂ案のどちらに絞るかを考えるなら、どちらがよりベネフィットが高いかを純粋に考えるべきでしょう。上司がどう思うかといったことや、過去の例は関係ありません。

## 図 1-1 正しく決めることを邪魔する「余計」なこと

**原 則**

「どちらのほうがベネフィットが高いか」で選ぶ

**考えなくていい余計なこと**

- **上司の顔色**
  (こんな提案、上司は嫌いだろうな……)
- **社内のポリティックス**
- **自分の経験の有無**
  (やったことがないからやめよう)
- **過去の経験(成功・失敗体験)**
  (以前ダメだったから、今回もダメだろう/
  前と同じだからうまくいくはずだ)
- **仕事の哲学**
  (自分のポリシーに合わないからやめよう)

・上司の顔色や社内のポリティックス
・自分の経験の有無
・過去の経験
・仕事の哲学

などというものは、一切、仕事本来の「決断」には、かかわりのないことなのです。

## 「余計なこと」の具体例

次の例についてちょっと考えてみてください。

1.

飲食店を経営している会社。3年前に社長の号令により新たにはじめたウェブメディア事業。海外の面白いニュースなどのコンテンツを集めて紹介することでアクセスを増やし、広告で収益を上げている。しかし、利益が出ていたのは最初の1年間だけで、同じようなサイトが増えてからは赤字続き。外注ライター、デザイナーへの費用が毎月50万円ほどかかっている。専任の担当者がいるわけではなく、ウェブの担当者が片手間に続けている。本業の飲食店へのシナジーはほとんどなく、廃止したほうがいいと思うのだが、「社長が言い出したことだから、急にやめるとは言いにくい。もうちょっと様子をみよう」という空気が社内を占めている。

2.

ビル賃貸・管理を行なっている会社。CSRの一環で、ビルの屋上に菜園を作り、地域の子どもたちと一緒に野菜の収穫をするという案を考えた。会社の発展のためにも、地域に愛されるビルであることが大切である。子どもたちと一緒に社員が野菜を手にした写真をホームページに掲載すれば、地域の人へのPRにもなる。しかし、上司は子ども好きではないようだ。面倒くさいと思われるかもしれない。やはり地域の清掃イベントのほうが無難だろうか。

1は「採算の合わないウェブメディア事業を続けるべきかやめるべきか」。

2は「地域貢献活動として、屋上菜園を作るか、地域の清掃イベントをするか」という問題です。

本来は、どちらがよりベネフィットが高いかを考えるべきです。ところが、「社長が決めたことだから言い出しにくい」「こういう案は上司が嫌いかもしれない」といった余計なことを考えてしまい、決断することができていません。

## 提案を通すことは別の領域のゲーム

でも、「いくらベネフィットから見て正しい決断をしても、上司が了承しなかったらしょうがないではないか？」と思われるかもしれませんね。

確かにそうです。

意思決定をしたからといって、決めた通りに動くとは限りません。Aという提案に決めたということと、その提案が上司や取引先に受け入れられることとは別の話です。意思決定をしたあとに、今度は「どうやってこの案を通そうか？」という方法について考える必要が生じてきます。でも、これを考えるのは意思決定の「あと」の話です。一緒に考えてしまうから、混乱するのです。

1の例でいえば「ウェブメディア事業を廃止する」と決めたら、そのあとに「どうやって社長に理解してもらうか」を考えればよいでしょう。

2の例も同様に「屋上菜園を作る」と決めたら、上司の承認を得る方法を考えればいいのです。

**決断ができないと思っている人は、意思決定と、提案を通すこととの区別がついていません。**

大切なのは、正しい提案（決断）をすることと、提案を通すこととはまったく別の領域の話だということを理解しておくことです。問題を切り分けて考えることが必要なのです。

## 提案を通すときは、タイミングをみる

提案を通すにはどうしたらいいでしょうか？

低血圧で朝は機嫌が悪い上司がいるとしましょう。自分の提案を上司に了承してもらいたかったら、朝は避けるべきですね。つまらないことだと思われるかもしれませんが、「いつ提案するか?」も通すためのひとつの、しかもかなり重要な要素です。歴史を読んでいると、名臣は皇帝や王様に要件を切り出すタイミング(時と場所)が絶妙だな、とよく感心させられます。

他にも、提案資料に使う言葉を上司が気に入りそうな表現にするとか、事前に話をしておく(根回し)といった「通す方法」があるでしょう。

生身の人間が相手ですから、そう簡単ではないかもしれません。相手がどのような人なのかをよく見て、やり方を変えることが必要になります。

僕がもしひとつだけポイントを教えてほしいと言われれば、「**話を切り出すタイミング**」だと答えます。どんなにいい提案でも、相手に聞く姿勢が整っていないときに話を切り出せば、きちんと聞いてもらえるはずがありません。

提案を通すのにいいタイミングをつかむには、相手をよく観察することです。

相手の物理的な状況、心理的な状況はどうなっているのかをよく観察したうえで、自分からタイミングを合わせていくのです。

たとえば、

- **上司が自分の提案に類似するテーマの話をはじめた**
- **上司の仕事が一段落して余裕がある**
- **上司がいかにも機嫌がいい　など。**

「上司の顔色」が大事なのは、このときです。

ただし、本質的に大事なのは、上司の顔色とは別のことです。できるだけ上司の機嫌や仕事の美学といったようなもの、政治的なことなどに左右されずに、正しい提案を通すため、社内で「正しく決めるルール」（たとえば、一定の金額以上の案件は、特定の「会議」に必ず付議するなど）を決めておくことが何よりも重要だということは忘れずにいてください。

02

# 「捨てられない」から決められない

## トレードオフの考え方

決断する、何かを選ぶということは、同時に何かを捨てるということです。だから、「決められない」という方も多いですね。

ライフネット生命は保険料の内訳、すなわち製造原価（純保険料）と会社の経費部分（付加保険料）の内訳を開示し、情報をオープンにしているので、「そんなことをしたら既存の生命保険会社から嫌がられて、足を引っ張られたりしませんか?」と聞かれることがあります。

僕はそんな質問に対してはいつも「失礼ですが、それは愚問です」と答えています。新しいことをやって、誰からも足を引っ張られない話なんて世界中どこでも聞いたことがありません。池に石を投げ込めば、必ず波紋が生じるのです。

「新しいことをやる」ことは、「既存勢力に嫌がられる」ことと同義です。既存勢力に嫌われるのがイヤなら、新しいことをやらなければいい。どちらもうまくやるなんて絶対に不可能です。**世の中「いいとこどり」はありえません**。トレードオフです。石を投げて波紋が生じないことはないのです。

一見新しいことをやっているようでも、中途半端に既存勢力におもねるようなやり方をしているケースもあります。「あいつは若いのになかなか感心なヤツだ」などと言われるかもしれませんが、それは既存勢力を脅かしていないというだけのことです。

決断する際には、得るもの、捨てるものを冷静に見極めて総合的に判断しなければなりません。捨てるものがあってこそ得るものがあるのですから、必要以上に怖がらないことです。現在の状況ではどの選択がベストなのか？　できるだけ客観的に考えるようにしましょう。

ライフネット生命を立ち上げるプロジェクトを遂行していく中で、最も悩んだのはシステム構築のことでした。基幹システムとインターネットをつなぐ部分のシステムを外部に依頼するとき、発注先を信頼のおける大企業のA社にするか、スピードが魅力のベンチャー企業B社にするかで選択を迫られました。

A社の場合、開発開始までに要件定義を詳細に詰めておく必要があります。一方、B社は骨組みをまず作って、あとから詳細を詰めていく開発手法をとっていきます。どちらかを選択しなければなりません。最終的にはベンチャーのB社を選びました。当時、まだ発売する商品の約款が固まっておらず（金融庁の認可が必要です）、詳細な要件定義が事実上不可能だったことが最大の理由でした。生命保険業の免許をまだ取得していない当時の僕たちの状況では、その選択が最も合理的だったのです。

このように、現在の状況を客観的に判断したうえで、最もいいと思われる選択肢を選ぶしかありません。

そのための方法の基本は、本書でご紹介する「数字・ファクト・ロジック」で決めるというものです。

## 「とっていいリスク」と「とってはいけないリスク」

リスクとリターンは裏表です。世の中のすべての物事は「ハイリスク・ハイリターン」「ミドルリスク・ミドルリターン」「ローリスク・ローリターン」であって、「得るものは多くリスクは少ない」などということはまずありえません。逆にリスクを恐れる人は、何も得ることができません。

ただし、**「リスクを恐れるな」とはいっても、それは自分の体力に見合ったリスクの話です**。

「１０００万円の投資で3年後にめちゃくちゃ儲かりそう」という話があったとしても、資本金１０００万円で社員が3人の小さな会社が、そんなリスクをとれるわけがありません。投資した１０００万円がゼロになったら社員が路頭に迷うけれども、イチかバチか賭けてみるか、という発想はビジネスでは絶対にダメです。これは「とってはいけないリスク」です。ビジネスの根本は「サスティナブルであること」（≒つぶれないこと）だからです。

とても基本的なことですが、ここで投資の考え方をお話しておきましょう。古くから「財産三分法」として知られている考え方です。

僕たちの日常生活を支えるためにはお金が必要です。すぐに使う分は「財布」に入れておきますね。今すぐには使わないけれど、将来必ず使うお金は「貯金」しますす（ちなみに、貯金の価値は流動性〈＝いつでもキャッシュになる〉にあるのであって、金利ではないことを覚えておきましょう。低金利であっても、原則として貯金の価値が減ずることはないのです）。

財布・貯金を超えた部分、平たくいえば、いつなくなってもいい分が「投資」に使うお金です。ですから生活費を投資に使ってはいけません。投資には当然リスクが伴いますが、投資に使ったお金がすべてなくなっても、「財布」と「貯金」があれば、生きていくことはできるのです。

これと同様に、あるリスクをとるべきか、とらざるべきかと悩むときは、まず「失敗してゼロになっても生活できる体力があるか」を確認し、体力がある場合に「**成功の確率はどのくらいか**」を考えることです（図1－2）。この順番が大

図 1-2 リスクに関する決断の仕方

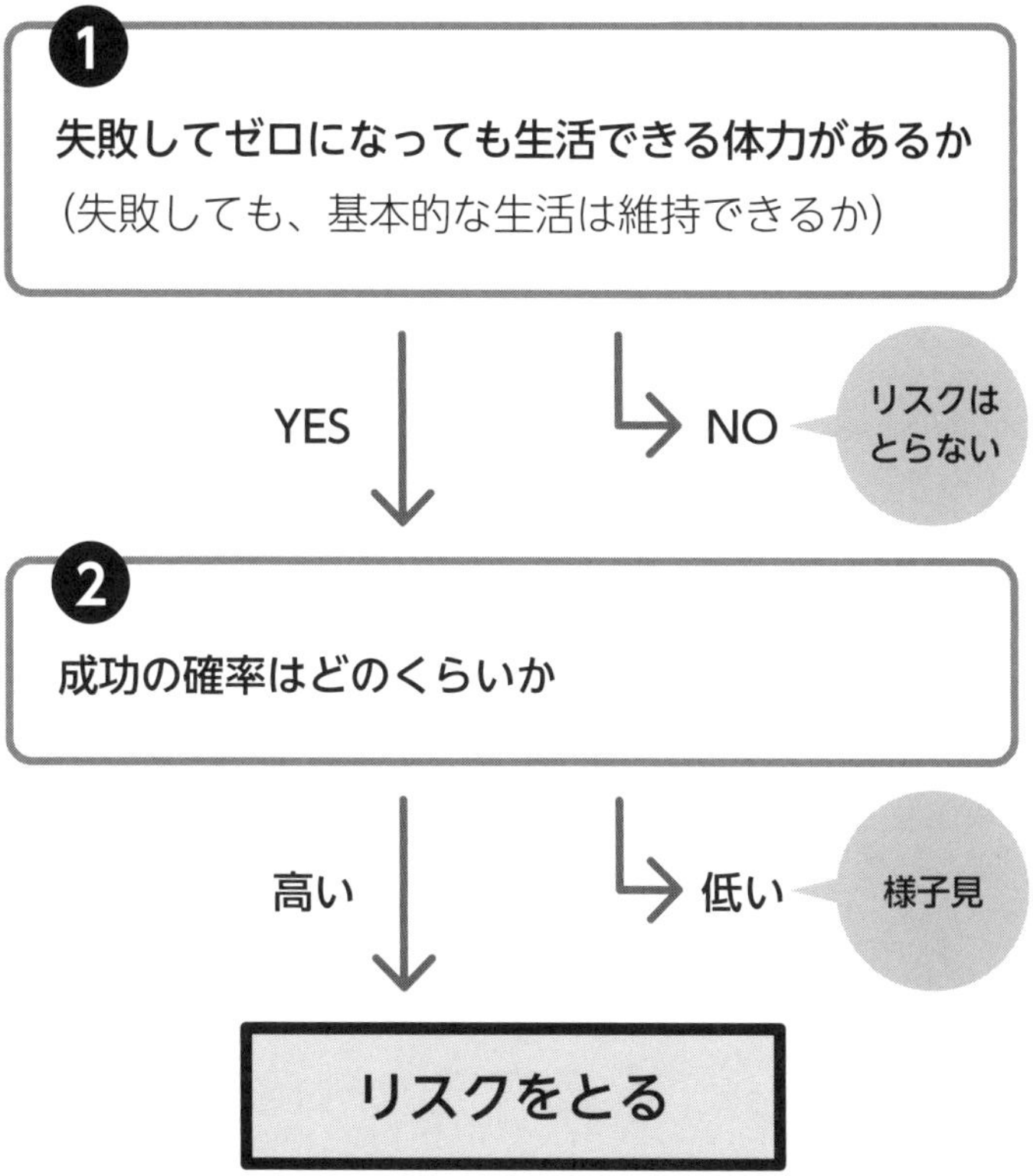
1
失敗してゼロになっても生活できる体力があるか
(失敗しても、基本的な生活は維持できるか)
YES
NO
リスクは
とらない
2
成功の確率はどのくらいか
高い
低い
様子見
リスクをとる

切です。成功するかどうかはわかりませんから、最終的な判断は直感で決めればいいのですが、前提として投資できる体力が必要なのです。

体力前提なんて夢がない、ロマンがないという人もいるかもしれませんが、ビジネスの世界なら当たり前のことです。「リスクをとって失敗した」という人は、多くの場合、本来とってはいけないリスクをとってしまっているのです。

ロンドンのカジノでは、最低取引金額によって部屋が分かれています。最低取引金額が1ポンドの部屋、10ポンドの部屋、100ポンドの部屋というように、賭ける金額で部屋が分かれていて、ゲームに参加する人は、自分の体力に応じて場所を選びつつ、ゲームを楽しむのです。どういうゲームをするか、どう勝つかはそのあとです。軍資金が100ポンドしかないのに、100ポンドの部屋に入ることは普通はないでしょう。1回負けたらそれで終わりだからです。

目の前に投資機会があったら、まず第一に自分の体力に見合っているのかどうかを冷静に判断しましょう。それがビジネスというものです。

# 03 「数字・ファクト・ロジック」で決める

## 数字・ファクト・ロジックは、全世界共通のルール

ここまで「決められない」理由やトレードオフ、リスクなどについて考えてきましたが、決めるルールさえ正しく決めてしまえば、実はあとはそう大変なことではありません。

社内で正しく決めるためのルールとして第一にお勧めしたいのは、「**数字・ファクト・ロジックで話し合う**」ということです（43ページ図1－3）。

数字とはデータのこと、ファクトとはデータに関連する事項や過去の事実のこと、ロジックとは、そこから実証的な理論を組み立てることです。

たとえば、ものすごく単純な例をあげると、

**〈あるレストランの例〉**

- 数字　昨年より市内の子どもの数が増えている
- ファクト　近所に大規模なファミリー向けのマンションが建った
- ロジック　子ども向けメニューを増やそう

一見、この決断は正しく見えますが、この数字をより細かく見ていって、「子どもといっても、中学生以上が多い」とわかれば、単純に子ども向けメニューを増やすことは決して得策ではないことがわかります。

ロジックは、たとえばy＝f（x）のような関数式になぞらえることができます。x（ロジックを支える変数）が「子どもの数が増えた」というだけの場合と、x1として「子どもの数が増えた」、x2が「実は中学生以上が増えた」という場合を比べてみてください。y（ロジックによって導かれる結論）は、xの数が多い

## 図 1-3　数字・ファクト・ロジックで決める

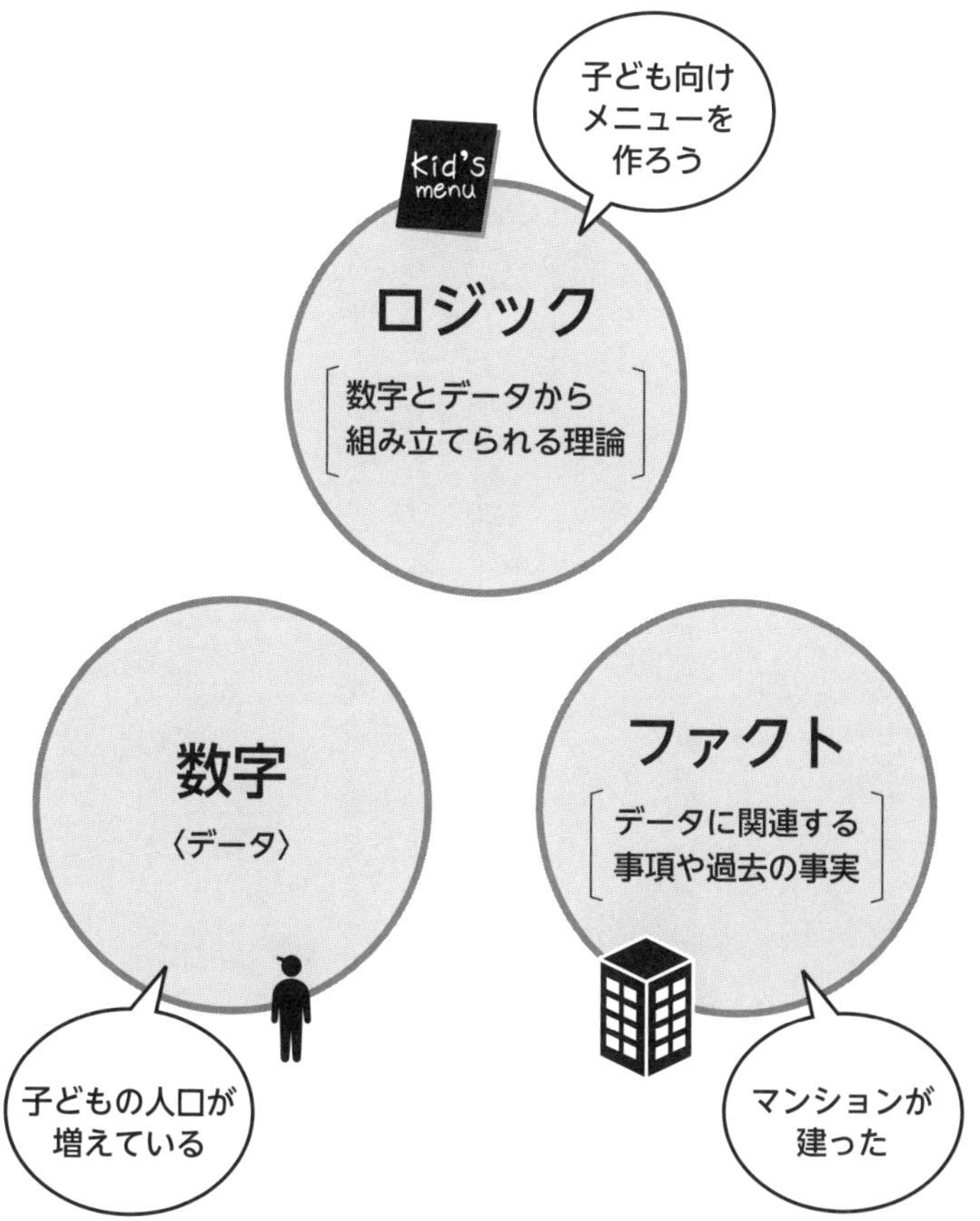

分だけ、より精緻になることがわかるでしょう（図1－4）。

このように数字やファクトをいかに丁寧に積み上げるか。数字やファクトとして、何をどのくらいもってくるのか、でロジックの精度を検証することがとても大切です。

僕はライフネット生命の社員に常々「国語でなく算数で考えろ」、すなわち、「数字・ファクト・ロジックで考えろ」と言い続けています。

これは決して僕のオリジナルの特別な考え方ではなく、**全世界共通のビジネス上のルール**ともいえるものです。

世界の一流企業には、国籍も文化も価値観もそれぞれに異なるさまざまな人が集まっています。

多様な人々のグループの中で、日本企業のような「空気」が通じるわけがありません。それぞれの文化特有の考え方や価値観も通じません。共有できるのは「数字・ファクト・ロジック」のみなのです。数字やファクトを相互に検証し、

図 1-4　x の数が多いと精緻になる

$$y = f(\underline{x})$$

子どもの数が
増えた

結論　子ども向けメニューを増やそう

$$y = f(\underline{x_1}) \times (\underline{x_2})$$

子どもの数が
増えた

実は
中学生以上
が増えた

結論　子ども向けメニューを増やすことは得策ではない

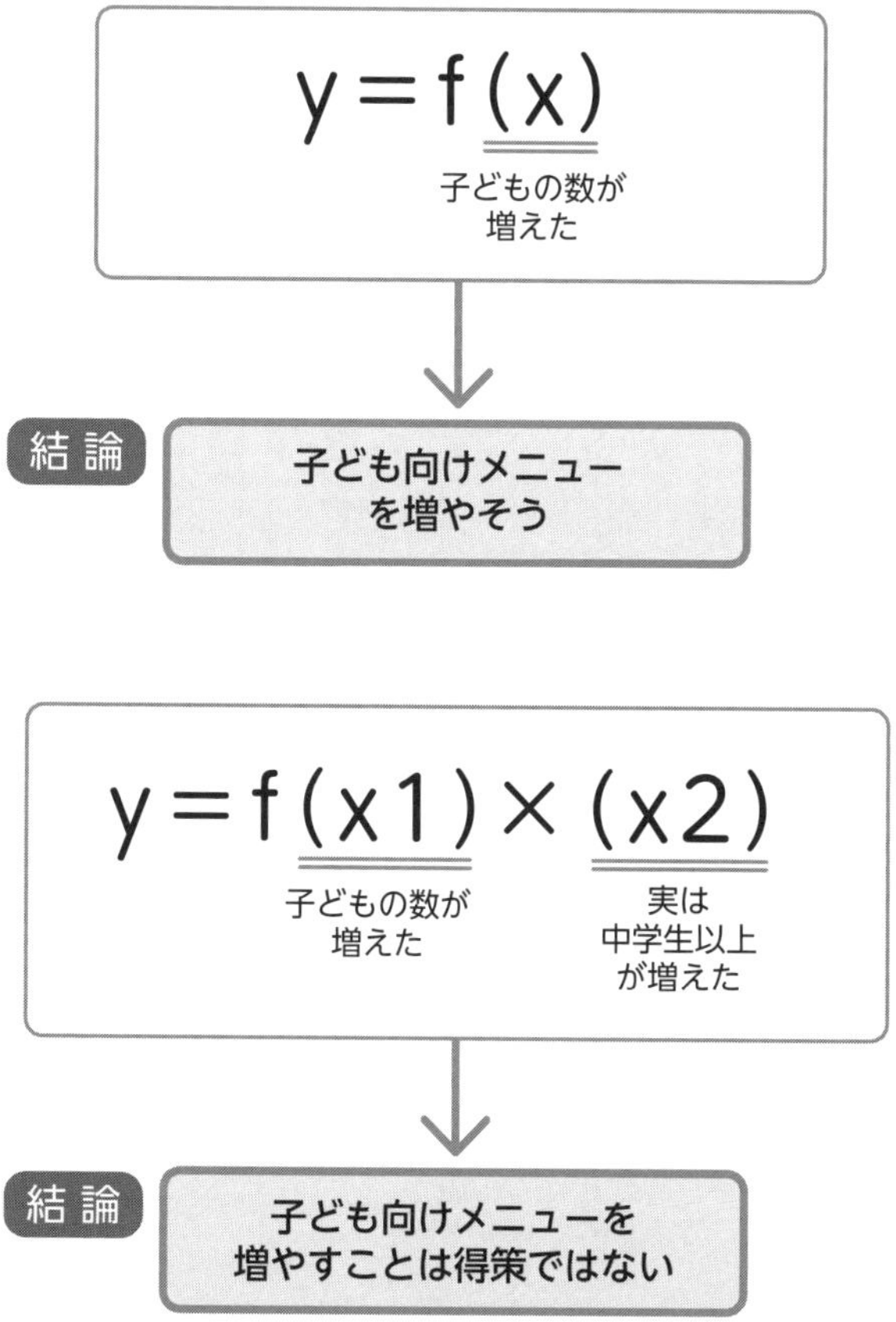

ロジックの優劣を競い合ってはじめて組織内の合意が得られます。
この単純で当たり前のことが社内で認識・共有されれば、年齢差や性別なども
あまり気にならなくなります。「これだけ年が離れていると何を考えているのか
わからないね」「女性の感性はやっぱり違うね」などと言う人はいなくなります。

## 「さまざまな見方」があっても、ひとつの結論に落ち着く

僕と、パートナーである社長・COOの岩瀬との年齢差は約30歳です。
「そんなに年が離れていたら、意見をすり合わせるのが大変ではありません
か?」と聞かれることがよくあります。年が離れていると、考え方や価値観が違
うので意見が衝突するのが当たり前だとでも言いたいようです。

しかし、ちょっと考えてみてください。
ライフネット生命にはマニフェストという会社の憲法のようなものがあります。
これは、まだ社員がひとりしかいないときに、僕と岩瀬が徹底的に議論してふ

たりで創り上げたものです。自分たちが作る生命保険会社はどうあるべきか、どういう社風の会社を創るのか、どういう事業を目指すのかといったコア・バリューのところは、ふたりでしっかりと共有しているのです。しかも、会社には中期や短期の経営計画があります。理念や明確な方向性を共有しているのですから、「話が合わない」はずがありません。

マニフェストや経営計画を達成するための方法論に関して意見が異なることはもちろんありますが、衝突したり、議論が平行線になったりすることはほとんどありません。お互いの数字・ファクト・ロジックを出し合ったときに、どちらの考えが甘いかはすぐにわかるからです。

僕が持ってきたデータが10年分で、岩瀬が持ってきたデータが3年分しかなければ、単純に岩瀬が甘いといえるかもしれませんし、逆に「環境が変化したので、古いデータは役に立ちません」と、その意見を補強するデータを持って来ているのなら僕のほうが甘いのかもしれません。

極論すれば、y＝f（x）でxの量と質をどこまで広く深く考えているかを見極めればよいだけの話ですから、ふたりで結論を導き出すのは意外と簡単なことなのです。

## 「数字・ファクト・ロジック」で意思決定は早くなる

日本の大企業では、役員のほとんどが男性で、50歳代から60歳代という同じような年齢、加えて出身大学から経歴からみんな似ている、といったことがよくあります。いわば似た者同士が集まって会議をしています。

それなのに、なかなか意思決定をすることができず、何時間も話し合ったり会議の回数が多かったりします。似た者同士なので、かえって互いに牽制し合うことも多いのでしょう。

一方、社外役員中心で、役員に女性や若者、外国人が多数いる外国の企業はどうでしょうか。文化も趣味もさまざまで、きっとそれぞれがいろいろな価値観を持っていることでしょう。でも、**似た者同士の日本企業より、一般的にいえばは**

**るかに意思決定が早いのです。**

それはなぜでしょうか。

年齢差や性別、国籍の違いがあることで意見が衝突し、意思決定が遅くなるというなら、この現象は説明できません。

答えは、「数字・ファクト・ロジックで決める」というルールがあるからではないでしょうか。

**「数字・ファクト・ロジックで話し合う」**というルールを決めておきさえすれば、どれだけダイバーシティが進もうと意思決定が遅くなるいわれはないのです。

## 妊婦も入れる保険は、「数字・ファクト・ロジック」からできた

ライフネット生命は「子育て世代の保険料を半額にして、安心して赤ちゃんを産み育てることができる社会を創りたい」という想いから立ち上がった会社です。

ところで、ほとんどの生命保険会社では、妊娠27週を過ぎると生命保険に加入

できなくなってしまうのですが、ライフネット生命では妊娠していることだけで加入制限をするようなことはしていません。27週を過ぎた妊婦さんでも、いつでも加入できるようにしています。そしてもちろん、加入後に保険金の支払事由が発生したら、約款で定めた通りに、お支払いをしています。

「27週を過ぎても入れるなんてすごい」と言われることがありますが、数字・ファクト・ロジックを元に考えれば、それがおかしくないことがわかるはずです。

そもそも、なぜ「妊婦は加入制限アリ」なのでしょうか。

生命保険の仕組みについてごく簡単にお話ししておきましょう。

ご存じの通り生命保険は貯金と違って非常にレバレッジの効いた金融商品です。保険事故が発生したときに、毎月の掛け金以上の給付が見込めるから、多くの人が加入するのです。

たとえば毎月5000円を掛けていれば、死亡したときに3000万円の保険金がもらえたりします。余命3か月を宣告されている人なら、1万5000円払えば3000万円をもらえるわけですから、絶対加入したいと思うはずです。

しかし、これでは生命保険会社はつぶれてしまいますし、健康な人から見れば間違いなくアンフェアです。生命保険という仕組みは何よりもフェアであること（公平性）を大切にしているのです。

そこで、本人の告知や健康診断の結果等により、普通に健康な人のためのプールを作って公平性を保つべく、健康状態によって加入できるかできないかを決めているのです。平たくいえば、病気の方（死亡するリスクの高い方）は「治ってしばらく経ってから入ってね」というわけです。

したがって生命保険会社には、少しでも病気などの心配があれば加入を断ってしまおうというインセンティブが働きます。

しかも、生命保険会社の経営者はほとんど男性ばかりで女性の身体のことはよくわかりません。妊娠・出産は死亡リスクが高いのではないかと考えていて、だから「27週を過ぎた妊婦さんの加入は断ったほうがいい」と思い込んでしまったのではないでしょうか。

しかし、生命保険料を決める大元となるのは「予定死亡率」という生命表の確率のデータであり、これにはもともと妊婦さんも含まれています。

たとえば、予定死亡率をみると、今30歳の女性が65歳までに死亡する確率は約10％です。もちろんこれは妊婦さんも考慮に入れての数字です。この数字を元に保険料を計算し、ビジネスを成り立たせているのですから、そもそもはじめから妊婦さんを除外する必要はないのです（図1－5）。


さらに、僕たちはこう考えました。

妊娠・出産はごく自然な行為であり、社会にとってもとても喜ばしいこと。それなのに、生命保険会社が27週を超えた妊婦さんの加入を断るとすれば、それは妊娠・出産を喜んでいないのと同じではないか。そんな考え方はおかしい。

「27週を過ぎた妊婦さんでもいつでも加入できる保険」を提供することは、ライフネット生命の創立の想いの通り、「安心して赤ちゃんを産み育てることができる社会を創りたい」というメッセージにもつながります。

このようにロジカルに考えていけば、27週を過ぎた妊婦さんが保険に加入でき

### 図 1-5　妊婦さんも入れる保険の「数字・ファクト・ロジック」

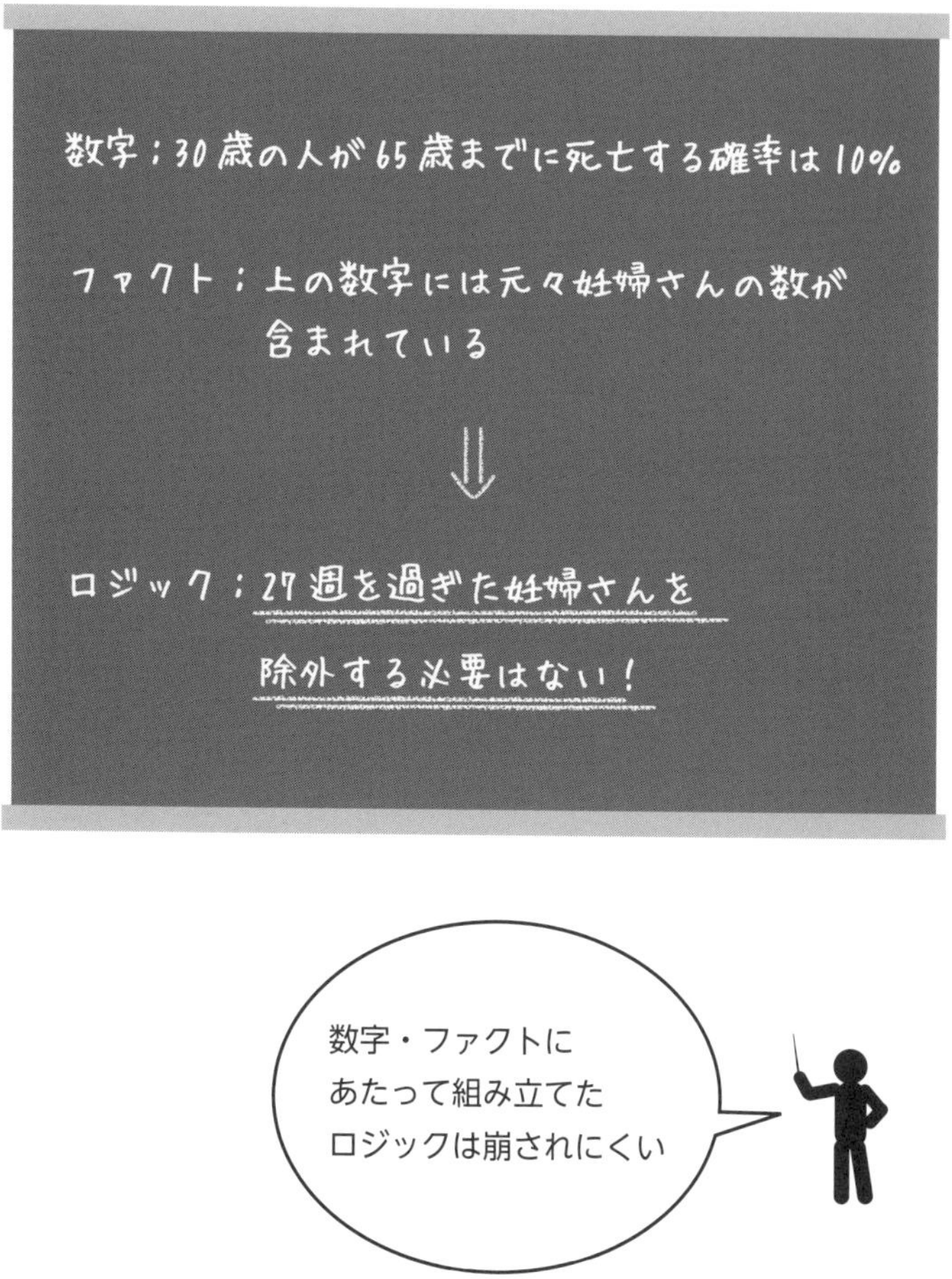
数字：30歳の人が65歳までに死亡する確率は10%
ファクト：上の数字には元々妊婦さんの数が含まれている
⇓
ロジック：27週を過ぎた妊婦さんを除外する必要はない！
数字・ファクトにあたって組み立てたロジックは崩されにくい

るのは当たり前のことだと僕には思えたのです。

ただし、同じ意思決定であっても、データに一切あたることなく「妊婦さんを応援したいから、いつでも加入できるようにします」と言うだけでは、簡単に提案は崩されてしまうことでしょう。上司に「そんなことをして、妊婦の加入者が増え、会社の経営が悪くなったら責任とれるのか」「妊婦の死亡率は高くないのか」などと言われたら、言葉に詰まってしまうはずです。

ですから、**何事であってもきちんと数字にあたり、ファクトを元にロジックを組み立てていく**ことが大切です。

次章から、「数字・ファクト・ロジック」について、もう少し掘り下げてみていくことにします。

Chapter 2

# 「数字」「ファクト」「ロジック」で物事を組み立てる

## ――世界共通の「決める」仕組み

# 01
# 考える力を見る「重い課題」

これからは、自分のアタマで考える力のある人が活躍する時代です。ライフネット生命の定期採用では、数字・ファクト・ロジックで考える力を見るため、応募者に「重い課題」を課し、最初に回答の提出をお願いしています。

簡単には答えが見つからない課題について、形式も長さ（枚数）も自由に回答を書いてもらい、郵送で提出してもらうのです（なお、定期採用の応募資格は、「30歳未満」のみです。ちなみに、中途採用は「年齢フリー」で、必要なつど、スペック採用を行なっています。年齢フリーですから、60歳を越えていても問題ありません）。

２０１３年の定期採用では、次のような重い課題を課しました。

**重い課題**

あなたは、内閣総理大臣から突然の呼び出しを受け、「インターネットの力を活用して、日本の少子化問題の解決に取り組む方法」について提案することになりました。

①日本における少子化の現状とその原因を明らかにしてください。
②そのうえで、あなたが解決すべき課題をあげてください。
③インターネットを使ってその課題を解決するプランを立て、費用対効果とともに提案してください。

ライフネット生命はベンチャー企業です。人（たとえば大手生保）と同じことを考え、実行する人をいくら採用しても、勝てるはずがありません。人と違うことを考えられる人がほしいのです。ベンチャーが大手に勝つためには、それしかありません。

だから、このような「考える力」を見る課題を出しています。考える力を見るには文章を書いてもらうのが一番。しかも、好き勝手に書いてもらうのではなく、ある課題に対する考えを述べてもらうのが一番いいのです。

あなたなら、どのように取り組み、どのような提案をしますか？

ぜひ考えてみてください（回答例、考え方は114ページ以降で紹介しています）。

と、最初に考えるテーマのひとつを提示しておきましたが、この章では決断の前提となる「数字・ファクト・ロジック」を具体的にどう見つけていくのかという話をしたいと思います。

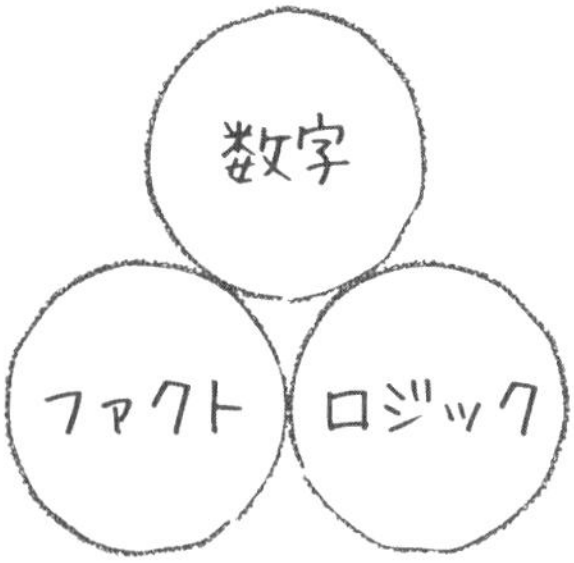

# 02 「数字」

## 国語でなく算数で考える

あなたの周りに、「アメリカの農作物を自分の子どもには食べさせたくないから、絶対買わない」という人がいたとします。なぜなら、その人は、ヘリコプターで真っ白な農薬を大量にまき散らしている映像を見たからです。アメリカの農作物は農薬漬けに違いないから、そんなものは子どもに食べさせたくないというわけです。

あなたは、この意見についてどう考えますか？

「国語」で考えれば、決して変なストーリーではありません。筋は通っていますし、荒唐無稽な意見でもありません。でも、算数に直してみると、本当に正しいのかどうか、よくわからなくなります。

たとえば、ＯＥＣＤの統計をベースに、アメリカと日本の、農地１ヘクタールあたりの農薬の使用量を比べてみます。すると、日本を１００としたときにアメリカは10～20の間であることがわかります。作物によってもかなり違うので、正確なところはなかなか難しいのですが、識者の意見では実質30～50の間ではないか、といわれています。なんと、僕たちが普段食べている日本の農作物のほうが農薬使用量が多いのですね。

アメリカの農地は広大なので、ヘリコプターからまかれた瞬間は農薬で真っ白のように見えますが、単位あたりの農地における農薬の密度は低いのです。

ということは、先ほどのロジックに機械的に当てはめてみれば、「農薬使用量が多い農作物を子どもに食べさせたくないから、日本ではなくアメリカの農作物を買おう」という結論になります。**算数を使ったことで、結論が１８０度変わってしまいました**（図２－１）。

それでも「アメリカの農作物は買わない」という結論にしたいのであれば、別の根拠、ロジックを持ってこなくてはなりません。

### 図 2-1 「算数」で考える

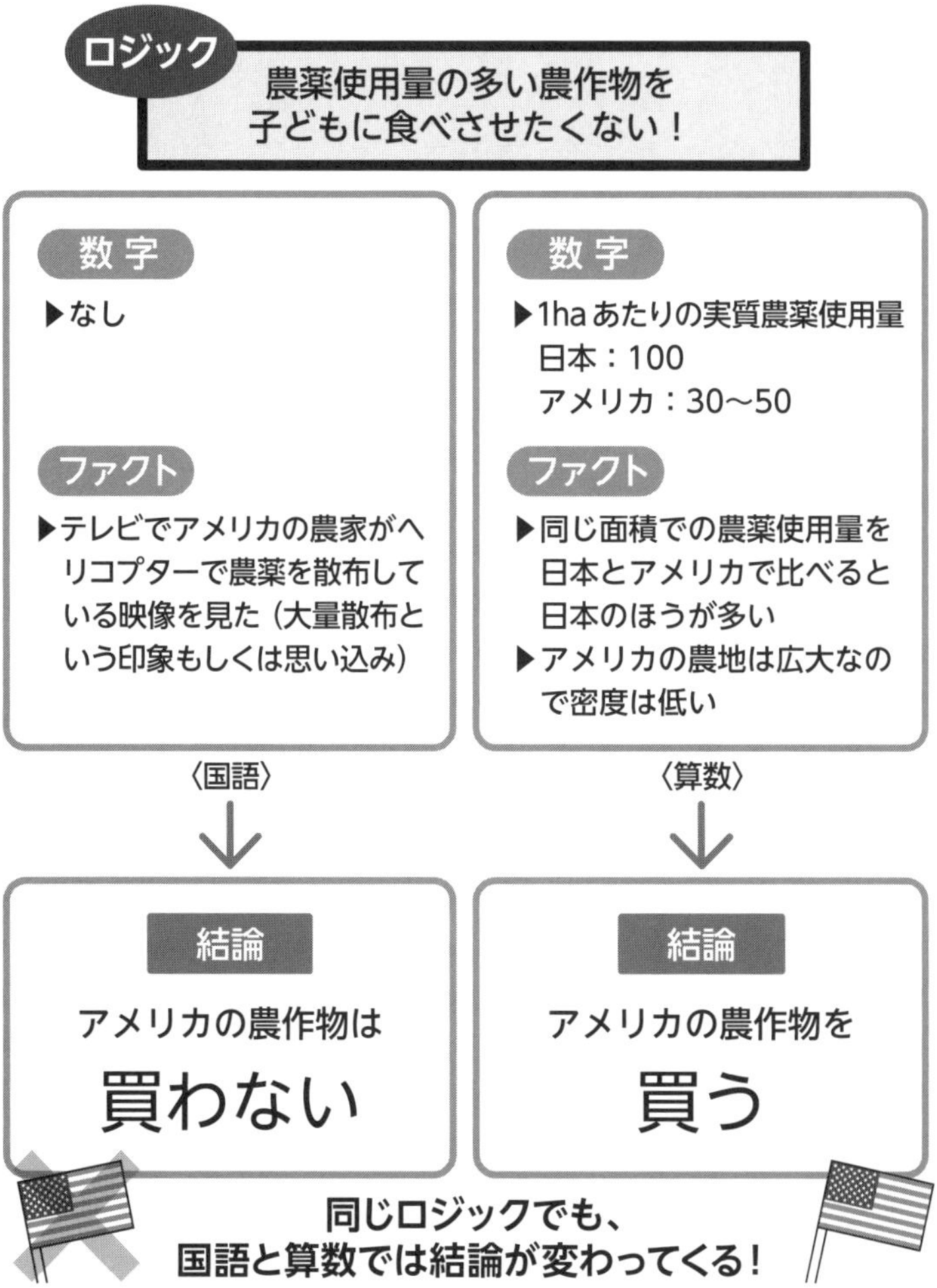
ロジック
農薬使用量の多い農作物を
子どもに食べさせたくない！
数字
▶なし
ファクト
▶テレビでアメリカの農家がヘリコプターで農薬を散布している映像を見た（大量散布という印象もしくは思い込み）
〈国語〉
結論
アメリカの農作物は
買わない
数字
▶1ha あたりの実質農薬使用量
日本：100
アメリカ：30〜50
ファクト
▶同じ面積での農薬使用量を日本とアメリカで比べると日本のほうが多い
▶アメリカの農地は広大なので密度は低い
〈算数〉
結論
アメリカの農作物を
買う
同じロジックでも、
国語と算数では結論が変わってくる！

このように、ちょっと指摘すればただちに崩れてしまうようなロジックでは、会社の中でもうまく通るはずがありません。上司に提案を戻され、また提出しては戻され……を繰り返し、本人も腑に落ちていませんから決断できずに終わってしまいます。

国語ではなく算数で考え、ロジックをしっかりと組み立てていくことの重要性がよくわかるのではないでしょうか。

## 一見、聞こえのいい話の事実が見えてくる

僕がよく話すひとつの例ですが、小さな政府に関する議論があります。税金の無駄遣いを指摘して「大きい政府から小さな政府へ」とスローガンを掲げるのは、一見よさそうな感じがします。「民間でまかなえるサービスは民間に任せ、政府の関与を少なくして公務員の数を減らし、政府・行政の規模をもっと小さくすべきだ」という意見です。でも、これを算数に直すとまったく違った見え方になります。

２００５年のＯＥＣＤの調べによると、わが国の政府最終消費支出（公共サービスの提供に伴う政府による消費財への支払いや公務員等への給料）のうち人件費が占める割合は約６％です。これに対してアメリカは10％、英国は11％、ドイツが８％、フランスが13％。実は算数で考えると先進５か国のうちで日本が最も小さな政府をすでに実現していることがわかります。なお、総公務員の数で比較してみても、わが国が小さな政府であることに変わりはありません。

このように、**数字からファクトをつかむようにすれば、一見耳に聞こえのいい話も事実を捉え直すことができたり、理解を深めたりすることができます。**

また、算数に直すことができるものは、他の言語で表現することもできるはずです。

以前、友人から「よく考えられた意見は、どんな言語でも表現できる」という話を聞いたことがあります。数字・ファクト・ロジックで本当に腑に落ちている意見なら、英語のみならず、ドイツ語でもフランス語でも中国語でも表現することができ、相手に通じるというのです。

一方、日本語でなんとなくわかったような気分になっても、よく考えられていない意見であれば、他の言語に訳すことができず、相手には通じません。「これは日本の伝統だ、文化だ」と言ったところで、それで外国人に通じるはずもありません。そんなものは仕事の役に立ちません。本当によく考えられた意見なら、相手がわかるように言い換えることもできるし、絵や図にもしやすいでしょう。

人に何か伝えたい意見があるときは、それを他の言語や絵、図に書き直すことができるかどうか一度試してみるといいかもしれません。

## 元データにあたるクセをつける

「数字・ファクト・ロジック」の数字とは、まず元データにあたることです。

仕事でも日常でも、何か気になることがあれば元データを探してみましょう。

今はインターネットで簡単に調べることができますから、本当に便利です。時間があれば図書館に行くのもいいでしょうが、たいていはパソコンに打ち込むだけで情報を得ることができます。検索サイトの検索窓に知りたいことのキーワードを入力すればそれでいいのです。当然、と思うかもしれませんが、それが一番効率的な方法です。

日銀が四半期ごとに公表している統計調査、「短観（全国企業短期経済観測調査）」は、今ではインターネットで閲覧することができますが、昔は、日銀に出向いてコピーをもらってこなければなりませんでした（僕が日本生命の東京総局で仕事をしていたときは、この短観コピーをもらってきて大阪の本社に送るという仕事もありました）。

それに比べれば、誰でも簡単に元データが入手できる現在、自分のアタマで考えるベースとしてはとても恵まれた社会環境になっていると思います。

数字に強くなるためには自ら、**「クセをつける」**ということがとても大切です。先ほどお話ししたように、情報を調べることは誰でもできます。しかし、いちいち元データにあたる人はそんなにいるものではありません。慣れていないと、面倒くさいということもあるでしょうし、そもそも元データにあたるという感覚を持っていない人が多いのです。そこに、「考える力の差」が出てくると思います。

## 1日10回ネット検索をする

元データにあたるクセをつけるために、たとえば「1日10回ネット検索をする」と決め、トレーニングすることをおすすめします。仕事や生活の中で気になったキーワードや、調べてみたいことを検索してみるのです。あまり気になることがなかった日は、新聞をざっと見て、キーワードを見つければいいでしょう。

最初は、自分の求めている元データになかなかたどりつけずにイライラすることがあるかもしれません。しかし、やっているうちに必ず上達します。どうやって検索すれば効率がいいのかわかるようになってきます。

たとえば「失業率が改善した」というニュースを聞いて、「本当だろうか」と思ったとします。失業率の推移を調べるため、検索サイトの検索窓に「失業率推移」というキーワードを入れて調べてみます。すると、毎月の失業率をグラフで表示しているサイトが出てきたりします。出所を見ると、総務省の「労働力調査」とあります。なるほど、国がやっている調査があるんだなと思い、今度は「労働力調査」と検索窓に入れてみると、最新のデータが見つかりました。

2014年2月における完全失業率は3・6％で、前月からは0・1ポイント下がっており、ここ1年を見ると徐々によくなってきています。2008年の平均は4・0％なのでこの頃に比べれば、失業率は改善されつつあると考えられます。

また、同じ「労働力調査」の中に、主要国との比較データもありました。

2014年2月における完全失業率は、日本の3・6％に対し、韓国は3・2％、アメリカは6・6％です。これらのデータの出所がURLとともにのっていますから、各国の生データにもあたることができます。この各国の失業率データの出所が見つからなければ、「失業率　国際比較」などのキーワードで検索し、出てきたページから出所を探していけばいいでしょう。

このように、まずは素直に調べたいキーワードを入れ、見つかったデータの出所を確認し、一次情報（元データ）にあたるようにしていきます。慣れてくると元データがスムーズに見つけられるようになります。

検索して元データにあたる際には、**自分なりの問題意識を持つことが大切です。**「ニュースではこう言っていたが、本当にそうか」「海外と比べるとどうなのか」。間違っていてもいいので、自分なりの仮説を立ててからデータを見るようにするといいでしょう。頭に残りやすくなるうえ、物事を考える力がつきますし、検索のスピードも上がります。

## 他人の意見は無視し、一次情報にあたる

データにあたるときは、できるだけ一次情報を探すようにしてください。経済関係の指標なら、たとえばＩＭＦ（国際通貨基金）、世界銀行やＯＥＣＤが発表しているデータが重要です。

・IMF　http://www.imf.org/
・世界銀行　http://www.worldbank.org/
・OECD　http://www.oecd.org/

インターネット検索で元データを見つけようとすると、個人のブログや企業のサイトなどさまざまな情報が引っかかってきます。データとともに、そこから何が読みとれるのかという解説が書かれており、一見便利なように感じます。

しかし、ほとんどの場合、ここにのせられたデータはサイト運営者の主張を支えるためにデータを引っ張ってきているのですから、本人に悪意はなくてもデータが捻じ曲げられている可能性があります。また、サイト運営者の主張に引っ張られてデータを見てしまい、読み誤ることもあるでしょう。

データにあたる場合、基本的に他人の意見は無視すべきです。数字、ファクトだけを見るのです。面倒がらずに、二次情報ではなく一次情報を探してください。

人口や家計、労働力調査や就業構造の調査など政府が発表している統計も数多くあります。

わが国の政府が出しているデータは、市民を騙すために意図的にあるデータを隠したり加工したりしている可能性があるので信じてはいけない、という人がいますが、原則として、そんなことはありえません。政府のデータを最初に見るのは世界のエコノミストや研究機関、国際機関などです。日本政府が間違ったデータを公表していたら、日本という国の信頼そのものがなくなってしまいます。

東日本大震災後、政府が公表する放射能の値は加工されているのではないかという憶測が飛び交いました。しかし、原子力や放射能については日本よりもロシアやアメリカのほうがはるかに豊富なデータを持っています。たとえ日本の市民を騙すことができても、世界を騙すことはできません。そんなことをしたら世界中からただちに見放されてしまうでしょう。

政府のデータには出所が示してあります。どのように調査したのかがわかるようになっており、基本的には国際比較もできるようになっています。国際的な基準に則って示しているからです。僕は政府のデータは基本的に信頼しています。

それでもどうしても信じられなければ、**国連など国際機関のデータにあたると**

**いいでしょう**。学校で学んだ程度の英語ができれば、データを読み解くのは、それほど難しくはないはずです。

## タテとヨコで比較する

数字は、それ自体ではあまり意味を持ちません。他の数字と比べることでファクトが浮かび上がり、自分のアタマで考えることができるようになります。

数字を使って考えるときには、**タテとヨコの比較が基本**となります。ヨコの比較は、空間軸で、他の会社、地域、国など、同じ時間軸で他の場所の数字と比べることです。

タテの比較は、時間軸で過去の数字と比べることです。

経済成長が著しい中国では、PM2・5をはじめとした有害物質による大気汚染が社会問題になっています。中国の大気汚染が話題になったのは、確か200

8年の北京オリンピックがきっかけでした。健康を心配して、オリンピックに出場しないという選手がいることでも話題になりましたね。急激な経済成長に伴う自動車の増加や建設ラッシュの影響で、北京の空はスモッグで覆われ、「太陽がかすんで見える」「息苦しい」といった声があがりました。

しかし、繰り返しお話している通り、国語ではなく算数を使って話をすることが大切です。

この話題に関しては、産業技術総合研究所の中西準子さんがおっしゃっていたことが真っ当な意見だと思います。

中西さんは、何かを判断する際には数字の比較を特に大切にされているそうです。マスメディアや声の大きい人の説明に「ひどい」という言葉があれば「ひどい」と思うのではなく、その前に数字を比較することで冷静になれるのです。

「オリンピックが開かれる北京の状況は、東京オリンピックのときと比べてどうだろうか？　東京のほうがひどかったのではないか？」

中西さんは東京オリンピックが開かれた1960年代の東京も、公害とは無縁

図 2-2　タテとヨコで見る

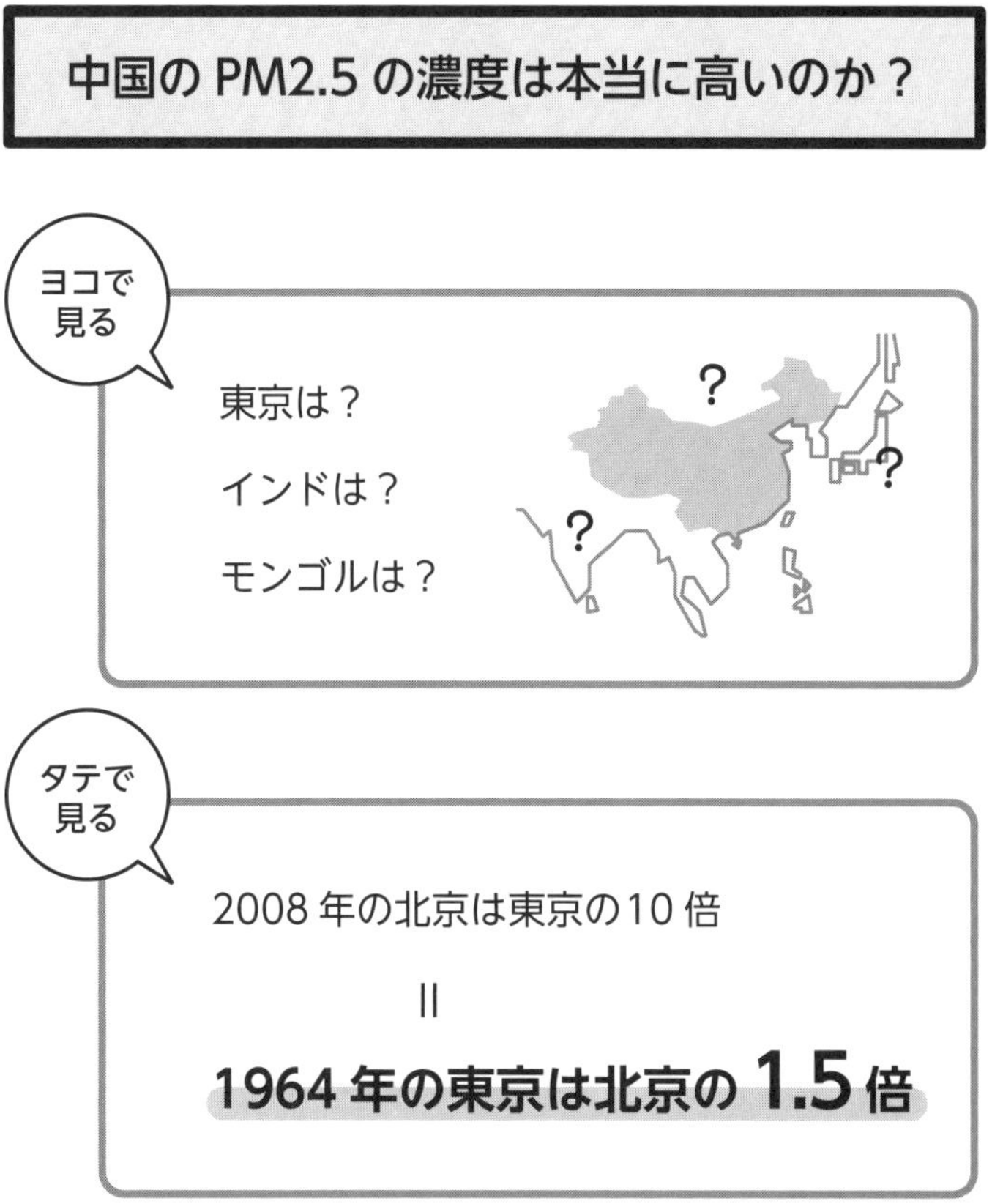

でなかったはず、と考え、１９６０年代の東京の大気と、２００８年の北京の大気に含まれる有害物質の数字を比較しました。

すると、確かに２００８年には、たとえば北京の大気に含まれる二酸化硫黄は東京の10倍という高い数値でした。しかし、１９６４年の東京は、さらにその１・５倍という高い数値だったことがわかったのです。

こういった数値で比較をすれば、なんとなく感情的に流されて、「空気が汚いから北京はオリンピック開催地にふさわしくない」と言うのではなく、**現実を冷静に見たうえで建設的な意見を出すことができるようになります**。これが、タテの比較、ヨコの比較の効用です。

会社の数字でいえば、売上や利益の数字が過去と比べてどうか（タテの比較）、競合と比べてどうか（ヨコの比較）といったところがすぐに思い浮かぶのではないでしょうか。

他にも、あなたの周りにある数字を単体で捉えるのではなく、タテ比較するとどうか？ ヨコ比較するとどうか？ と考えてみてほしいと思います。

# 03 「ファクト」

## 「客観的な事実」と「意見」の扱い方

数字を見たら、次はファクトです。

ファクトとは、主として**数字やデータから導き出せる客観的な事実**のことです。ある人の意見でしかないものは、ファクトとはいえません。たとえば「A社のサービスは安い」と言う人がいたとします。これは事実でしょうか、意見でしょうか？　意見ですね。高いか安いかを判断しているのはその人であり、そこには主観が入っているからです。

しかし、「A社のサービスはB社よりも安い」と言ったらどうでしょうか。まったく同じ内容のサービスの対価が、A社が30万円でB社が40万円だとすれば、これは誰が見てもA社のほうが安いといえます。相互に検証できますからね。

このように、誰が見ても同じように見えるものが事実です。単純な例にすればすぐわかるのですが、このふたつをごっちゃにしている人は意外と多くいます。

ファクトを取り扱う際には、複数の数字・データとを組み合わせて比較し、分析する必要があります。相互検証が可能となれば、そのファクトは圧倒的な力を持ちます。複数のデータにあたり、比較など辛抱強い作業を通じてはじめて事実が見えてくるのです。

## ひとりのお客様の声はファクトではない

たとえば「お客様の声」は、統計処理をしてはじめてファクトになります。

トップが、「こんなお客様の声を直接聞いた」からということで、なんらかの意思決定をし、社員に指示を出すということはありがちですが、経営にとっては、おそらくあまりいいことではないと思います。ひとりのお客様の声から、なんとなく類推したようなものはファクトではありません。それが多くのお客様が考えていることと同じであるかどうかがわからないからです。トップの印象で、お客様の声自体を捻じ曲げて記憶している可能性すらあります。

しかし、コンタクトセンターに届いたクレームを丁寧に統計処理して、たとえば契約のメンテナンスに関するクレームが100件あったというなら、これはかなりファクトに近いとみなすことができます。そこではじめて、メンテナンスサービスに問題があるから改善しようという話になります。

**ファクトとして取り扱うためにはきちんと分析することが必要なのです。**お客様の声は、そこから仮説を導き出すのにとても役に立ちます。複数のお客様が「メンテナンスに関する問い合わせ先がわからなかったので、面倒くさくなって他社に乗り換えてしまった」と言っているのを聞いたら、「問い合わせ先がわかりにくいために他社へ流れているお客様が多い」といった仮説を立て、それについてアンケートをとるなどして事実を確認し、ファクトの精度を高めていくことが肝心です。

## 04 「ロジック」

### 優れたロジックとはどういうものか

最後がロジックです。数字、ファクトをもとに論理を組み立てていくことです。ロジックというと、単純に論理的正しさのことだと思われるかもしれません。しかし、論理的に筋が通っているのは当然のことですが、それだけではダメだというのが僕の持論です。

たとえば、あるテーマについてAというロジックとBというロジックがあるとします。どちらも論理的には筋が通っています。

そのとき、どちらのロジックでより正しい解にたどりつくかは、**「どちらがより多く変数を持っているか」**で決まります。

## 図 2-3　思考を数式に置き換える

変数

● **結論**（y） = **所得**（x1） × **年齢**（x2） × **ニーズ**（x3）

変数

● **結論**（y） = **所得**（x1） × **年齢**（x2） × **ニーズ**（x3） × **流行**（x4） × **海外の影響**（x5）

**変数の数と内容を見て、議論をすると、最もいい解にたどりつく**

**※変数が多いほど議論は精緻になる**

思考を数式に置き換えてみると、「y＝f（x）」となります（79ページ図2－3）。xに何をいくつ代入するかによってyの値が変わる、関数ですね。

yが最終的に組み立てられたロジックによる結論だと仮定すると、**xの数が多ければ多いほど、多面的に考えていることになります**。

たとえば、お客様の所得、年齢、商品のニーズという点からロジックを組み立てようとする場合と、さらに流行や海外の影響という点も加えてロジックを組み立てようとする場合とでは、結論が異なるかもしれません。

意見の相違のほとんどは、xの数の相違です。Aさんはx1、x2、x3を考えており、Bさんはx1、x2、x3、x4、x5を考えているというだけです。お互いが持っている変数xが何と何なのか、丁寧に議論をしていけば、最終的に最もいい解にたどりつけるはずです。

## 少子高齢化で、働く人の負担はどれだけ増えるのか？

早速、数字・ファクト・ロジックを使って考えてみましょう。

少子高齢化が進んでいるとよくいわれますが、それによって働く人の負担はどのくらい増えるのでしょうか。

現在のように、市民のすべてが公的医療保険と年金制度に加入する仕組み（皆保険、皆年金）が整ったのは、1961年のことです。当時は、11人の勤労世代（15～64歳）が1人の高齢者（65歳以上）を支えていました。平均寿命は、男子が66・3歳、女子が70・79歳でした。つまり、年金や高齢者医療サービスの支給期間は60歳から起算すると、平均して男子が6・3年、女子が10・79年と想定されていたわけです。男性1人なら、11人で6年間面倒を見ればよかったということです。

それでは2025年のことを考えてみましょう。未来の話ですが、人口構成はほぼわかっていますので簡単に計算できます。今から子供が産まれても2025年には15歳にならないので、働く人と高齢者の構成には変わりがないからです。「平成23年版高齢社会白書」で2025年の人口推計を見てみると、子供（0～14歳）は1195万人、勤労世帯（15～64歳）は7096万人、65歳以上は3

６３５万人です（万人未満切り捨て）。すると、２０２５年の世界では、約２人（65歳以上を支えるとした場合。70歳以上を支えるとした場合は１・７人）の働き手が１人の高齢者を支えることになります。平均寿命は２０１３年時点で男性79・59歳、女性86・36歳ですから、男性なら約14年、女性なら約21年間支えることになります。

１９６１年と比べると、働き手が約６分の１、支える年数が約2倍ですので、負担は12倍になることがわかります。これがひとつのロジックです。x1としておきましょう（図２-４）。

さて、ここまでで数字、ファクトからひとつ論理的に正しい結論を導きました。しかし、他の視点もあるはずです。

働き手の負担を計算するなら、**子どもも働き手が支えているとして計算に入れるべきだ**という考え方もあります。分母は勤労世代の人数、分子は高齢者＋子どもの人数にして割合を計算するのです。

## 図 2-4　変数を増やして考える

**1961 年**
・子ども 2806 万人　・勤労世代　6071 万人　・高齢者　550 万人

**2025 年**
・子ども 1195 万人　・勤労世代　7096 万人　・高齢者　3635 万人

### 【x1】人数と平均寿命だけ見ればいい

| | |
|---|---|
| **1961 年** | 11 人の勤労世代で 1 人の高齢者　65 歳以降の平均生存年齢　6 年間（男性） |
| **2025 年** | 2 人の勤労世代で 1 人の高齢者（1961 年のおよそ 6 分の 1）<br>65 歳以降の平均生存年齢　14 年間（男性。1961 年のおよそ 2 倍） |

**➡6 × 2 で 12 倍に負担が増える！**

### 【x2】支える対象には子どもも入る

| | |
|---|---|
| **1961 年** | 勤労世代 6071 万÷（子ども 2806 万＋高齢者 550 万）＝ 1.8 人　1.8 人で 1 人 |
| **2025 年** | 勤労世代 7096 万÷（子ども 1195 万＋高齢者 3635 万）＝ 1.4 人<br>1.4 人に 1 人（1.2 倍の負担） |

**➡そう違いがない（1.2 × 2 で 2.4 倍）**

### 【x3】就業率をかけることが必要だ

| | |
|---|---|
| **1961 年の就業率** | 68.1% |
| **2025 年の就業率** | ・現在と同じ場合　56.9% |
| | ・就業率が徐々に回復するとして毎年 0.5 ずつ上昇する場合　62.9% |
| | ・就業率が徐々に減少するとして毎年 0.5 ずつ下がる場合　50.9% |

| | |
|---|---|
| **1961 年** | 勤労世代 6071 万×就業率 0.68 ÷（子ども 2806 万＋高齢者 550 万）＝ 1.23 人で 1 人 |
| **2025 年** | 勤労世代 7096 万× 0.56 ÷（子ども 1195 万＋高齢者 3635 万）＝ 0.82 人に 1 人（1.5 倍） |
| | 勤労世代 7096 万× 0.62 ÷（子ども 1195 万＋高齢者 3635 万）＝ 0.91 人に 1 人（1.3 倍） |
| | 勤労世代 7096 万× 0.50 ÷（子ども 1195 万＋高齢者 3635 万）＝ 0.73 人に 1 人（1.6 倍） |

**➡就業率が上がればかなり楽！（1961 年から比べて、負担は約 2.6 ～ 3.2 倍）**

総務省統計局の資料によると、1961年の高齢者人口は550万人、2025年には3635万人ですから、大幅に増えています。一方子どもの数は、1961年の2806万人より大幅に減って1195万人となっています。

ここから、実はそれほど負担は増えていない（約2・4倍）というロジックが出てきます。これがx2のロジックです。

さらにx2'として、でも子どもには年金負担は不安だ、医療費もさほどかからない。したがって、子どもの人数には一定の係数をかけるべきだという考え方も出てくるでしょう。

もうひとつロジックを出してみます。これまでの計算では、働き手の人数として単純に15～64歳の人口を使っていました。しかし、この中には病気で働けない人や失業中の人もいるでしょう。社会保障の支え手ということなら、**勤労世代の人口に就業率をかけて計算する必要があるのではないでしょうか**。

総務省の出している「労働力調査」では、1961年の就業率は68・1％。2013年の就業率は、56・9％です。高等教育の機会が広がれば、就業率は一般に低下します。

2025年の就業率は、まだわかりませんが、

- 現在と同じ場合　56・9％
- 就業率が徐々に回復するとして毎年0・5ずつ上昇する場合　62・9％
- 就業率が徐々に減少するとして毎年0・5ずつ下がる場合　50・9％

などとケースに分けて考えることができるかもしれません。

そのうえで、分母を就業人口、分子を働いていない高齢者と子どもにして計算すれば、より正確な負担がわかるというのがx3のロジックです。

このケースも同様、x3'を考える必要がおそらくあるのでしょう。ここでは考え方のパターンを示すことが主眼なので、x2'↓x3'については、これ以上深入りしませんが、高齢者と子どもを同列に扱うのはかなり無理があります。

なお、現実的に考えれば、裕福な高齢者（＋子どもでもいい）を除外して考えるのが、おそらく最も妥当な政策となるのでしょう（x4）。ただ、裕福の定義や線引きがかなり難しいので、ここではあえてx4は示しませんでした。

このように、ロジックを作る視点xの数を増やしていくことによって、議論がより精緻になっていくのがよくわかるでしょう。

## 多面的に見るコツ

正しい解にたどりつくためには、いかに多くのxを考えられるかだという話をしました。どうすればxを増やすことができるのでしょうか？

それにはふたつあります。ひとつは、しつこいようですが数字・ファクトに徹底して執着し、できるだけ丁寧に分析することです。誰かの意見に安易に頼るのではなく、徹底して数字とファクトそのものと向き合うことです。

そして、そこから何が得られるかを深く自分のアタマで考えるのです。

もうひとつは多様な人と議論をすることです。同質な人、同じような意見を持った人のみで議論をしても、なかなか視点を増やすことはできません。

ダイバーシティ（多様性）こそ、ロジックを深める大きなカギだといえます。

## 議論に素人を入れる

ライフネット生命では、社内でプロジェクトチームを作って何かを検討するときには、原則として少なくともひとりはテーマに無関係な素人（他部門のスタッフ）を入れるよう努めています。

医療保険で給付金を支払う際に医者の診断書を原則不要としたのは、生命保険業界の中ではライフネット生命がはじめてでした。

これはもともと、社員のひとりが「最近の病院の領収書は医療費の見える化政策により、診療報酬点数表がすべてわかるほどに情報量が多くなってきている。これがあれば医者の診断書がなくても給付金を支払えるのではないか」と言ったのがきっかけです。

早速、この問題を検討するためにプロジェクトチームを作りました。チームのメンバーは、医師、保険金・給付金の支払い担当、法務担当。ここまでは普通ですね。ここに、たとえば、人事担当のスタッフなどテーマに無関係な人をひとり入れます（これは当該業務と無関係の人であれば誰でも構わないと思います）。

このスタッフは、「医者の診断書を不要とするかどうか」というテーマに関してはまったくの素人です。プロの側からすれば、こういった素人がチーム内に入ると、最初から現行の業務内容を説明しなければなりませんので面倒です。仕事がわかっているメンバーだけで話し合ったほうがはるかにラクでしょう。

**それでもあえて素人を入れるのは、Xが増える可能性があるからです**。たとえば、「診断書は高くつく」「診断書を取りにいくのは面倒。会社を休まなければならないときもある」など、医療や保険の専門家の観点とはまったく違う、一般的な（素人的な）意見が出てくるかもしれません。すると、同質の人ばかりでは持ちえなかった視点を見つけることができるかもしれません。その場合にはロジックが深まります。

当社のプロジェクトチームも、多様な視点からテーマに取り組み、その結果、「医者の診断書不要」に踏み切ることができたのです。

世界最大規模の食品・飲料会社であるネスレはスイスの会社ですが、スイス人の経営者は実は数名しかいません。アフリカにはアフリカ人の経営者、インドにはインド人の経営者を置いています。「アフリカ人やインド人の飲食の嗜好は、スイス人にわかるはずがないから」です。そう言い切っています。

国際的な企業は積極的に多様な人を受け入れ、多様な視点を活かしているのです。

## 自分自身の「x」を増やす

とはいえ、ネスレのように今の会社の環境をすぐには変えることができない人がきっと大多数でしょう。

同じ環境の中で少なくとも自分自身のxを増やしたいと思ったら、たとえばさまざまな人と会ってインプットすることです。

同じ会社の人と飲み会をするのなら、2回に1回はその代わりに他の会社や異業種の人と交流してみましょう。

社内の人と飲んで会社の話をするのは確かに楽しいものです。「マーケティング部の誰々さんがこの間……」「ああ、あの話ね」と話がすぐに通じますし、共有している情報が多いので気持ちがとてもラクです。でも、新しい発見は少ない。異業種の人と話をすると、「そんな世界もあるのか」と驚くようなことがあったり、自分の会社では常識と思っていることが通じないことに気づいたりします。

つまり、xが増えるのです。

## ロジックで負けた、ハトが豆を食べる企画

ライフネット生命が営業を開始して2年目の2009年のことです。ある20代の社員に「来週、二子玉川へ行ってください」と言われました。何をするのか聞くと、「デイリーポータルZというウェブマガジンの企画で、撮影をするので立ち会ってほしいんです」と言います。

続けてどんな企画なのか聞きました。

「ウェブマスターの林雄司さんがいくらの死亡保険に入るかを決めようという企画です。3枚の紙皿にそれぞれ1000万円、2000万円、3000万円と

出口さんに書いてもらいます。そこに異なる種類の豆を入れ、二子玉川の河川敷に置きます」

「は？　豆？」

「すると、ハトが飛んできて、豆を食べます。どの皿の豆を最初にハトが食べるかで、林さんが申し込む死亡保険の金額が決まるんです！」

僕はびっくりして声を上げました。

「ちょっと待て！　そんなふざけた企画をやるなんて、お前はアホか！　マニフェストをもう一度読んでみろ！　どこに書いてある？」


すると、その20代の社員は平然と言い返してきました。

「アホは出口さんのほうです。ライフネット生命のお客さんの8割はインターネットに親しんでいる20代・30代の若い人ですよ。この世代の人たちは、出口さんの世代と違ってこうした企画を『ふざけている』とは思いません。実際に同様の動画を楽しんでいる人は多いですし（ファクト）、このサイトのアクセス数も通常のサイトと比べて飛び抜けています（数字）。面白く仕上がれば、ライフネット生命はこんな面白いことにも真剣に取り組むユニークな会社だとみんなが思ってくれます。ファンが増えるんです」

確かに、僕が「ふざけた企画」だと一蹴しようとしたのは60代の感覚から出たもので、この企画の意図を深く考えたわけではありませんでした。その20代の社員はいわばインターネットおたくであり、毎日長時間ネットに触れています。その彼がここまで言うのだから、一理はありそうです。

「私はインターネットのコンテンツをたくさん見てきて、この企画は若い人に絶対ウケると思ったから提案しているのです。出口さんはいつも、『他の会社がやらないことをやるのがベンチャーだ』『インターネットの世界は何が起こるかわからないから小さく産んで大きく育てるんだ』と言っているじゃないですか。それなのになぜ、こんなにいい企画をやらないと言うのですか」

僕はこの時点で、ロジックで彼に負けたことを認めざるをえませんでした。

「わかった。やってみよう」

そうは言ったものの、「生命保険会社なのにこんなふざけたことをして」という批判が多いのではないか、変なイメージがついてしまうのではないかという心配はどうしてもぬぐえませんでした。

でも、そうなったらそうなったでしょうがない、そのときはまた考えよう、51：49でプラスが多ければそれでよしと割り切ろう……と腹を括り、二子玉川の撮影現場に行きました。その結果は、デイリーポータルZの記事「ハトが選んだ生命保険に入る」はウェブ上で大評判となり、ライフネット生命の好感度がグンと上がりました。ネガティブな意見はほとんど出なかったのです。

完全に、20代の社員の勝ちでした。

「そんな奇想天外な話を受け入れた出口さんは度量が大きいですね」などと言われることがありますが、そういう感覚的な話ではまったくありません。また僕が「社員を信じた」とか「失敗してもいいからやらせてみた」ということでもなく、単にこの企画を提案した彼の「数字・ファクト・ロジック」が僕のものより優れていた（僕はこの提案を覆す数字・ファクト・ロジックを持っていなかった）ので、説得されたに過ぎなかったということです。

この企画を好きか嫌いかと問われれば、僕自身は正直なところ今でもおそらく「嫌い」です。60代では無理もありません。でも、ビジネスの中に「好きか嫌いか」という感覚的な話を持ち込むべきではないのです。ビジネスは、主観や好みではなく、あくまで数字・ファクト・ロジックでのみ判断すべき世界なのです。

# 05 ロジックの見直し方

## 幹と枝葉に分ける

ロジックを見直すことがあるとすれば、それは何かうまくいかないことがあるときです。うまくいっているのなら、わざわざ見直す必要はありません。多少間違っていようがそれでかまわないのです。

問題が発生したとき、思うように物事が進まないときには、ロジックを振り返って考えるべきです。その見直し方にもコツがあります。

まず、計画の段階でロジックの幹と枝葉を分け、**幹の部分を明確にしておくこと**です。

建物でいえば、骨組み（スケルトン）をしっかりさせておくのが大切で、内装や間取りはあとから変えることができますね。骨組みがグラグラしているのに、壁紙の色にやたらとこだわったり、家具の配置ばかりを気にしたりしていれば、なかなかちゃんとした家は完成しないでしょう。

枝葉の部分ははじめからあまり細かく決めすぎないで、実際にやってみるなかで徐々に決めていけばいいのです。

また、幹の部分を明確にするための1つの手法として、紙に書き出してみることをおすすめします。書き出してみると、ロジック自体の甘さにも気づきやすいでしょうし、あとから見直すときにも便利です。人間は忘れやすい動物ですから、作った当初は明確なロジックであっても、だんだん枝葉の部分に気をとられて骨組みを忘れてしまうことがよくあります。幹と枝葉を混同しないために、「これが幹」というものをあらかじめ書き出しておくのです。

問題が生じてロジックを見直すとき、枝葉の部分がおかしいのであれば、試行錯誤を続ければいいだけです。しかし、幹の部分がおかしいのであれば最初に立ち返って計画を検討し直す必要があるでしょう。

『自分のアタマで考えよう』（ダイヤモンド社）というとても役に立つ本の冒頭

で、著者のちきりんさんが面白い題材を挙げていました。「プロ野球ファンの年齢別構成比の変化」のデータ（このデータ自体は架空のものです）によると、1970年に比べ2010年はファンの高齢化が進んでおり、40代以上が半数を超えています。これに基づき、どのようなロジックを作ることができるでしょうか、と。

ある人は「ファンの高齢化が進んでいるので、このままではプロ野球の未来は暗い。若いファンを獲得する努力が必要だ」と考えます。また、ある人は「ファンは経済的にも時間的にも余裕のある高齢者なので、プロ野球の未来は明るい。シニア層のファン向けビジネスに積極的に取り組むべきだ」と考えます。

ちきりんさんは、ものごとの楽観的な面のみ、あるいは悲観的な面のみしか見ていないこれらの意見は、どちらもバイアスがかかっていると述べています。なんらかの固定観念、既成概念に左右されてしまっているというわけです。

僕の言葉でいえば、**「岩盤まで掘り下げて考えていない」**（後述します）ということになるでしょう。さまざまな視点xを増やしたうえで深く掘り下げたロジックを作ることが大切なのです。

## 幹と枝葉のどちらを変えるべきか

さて、この例でいうと、たとえば「プロ野球ファンの高齢化が進んでいる。高齢者は経済的・時間的に余裕があるので、シニア向けビジネスを積極的に展開する。同時に、さらなる高齢化とともにファンが減ることを防ぐため、若者が野球の魅力に気づき、ファンになるような仕掛けを考える」というロジックを組み立てたとします。これが、ロジックの「幹」です。

「シニア層向けに、王貞治や長島茂雄の名場面集DVDボックスを販売する」「若者向けに、野球ファンのお笑い芸人によるインターネット番組を作る」といった案は「枝葉」にあたります。「幹」を実現するための「方法」というくらいで考えるとわかりやすいかもしれません（図2－5）。

枝葉の部分は、他にもいろいろ考えられるでしょう。どれが一番効果的なのかは、実際にやってみなければわかりませんから、可能性のあるものをトライ&エラーで進めていけばいいのです。思ったような結果が出なければ、枝葉を修正してまたトライすればいい。

### 図 2-5　幹と枝葉の関係（シニア向けはここでは省略）

プロ野球ファンが減るのを防ぐため

- 若者向けの仕掛けを考えよう → 幹

- 若者向けに、お笑い芸人による<br>インターネット番組を作る
- 大学生半額デーを作る
- 子連れ半額デーを作る
- 子どもとの交流イベントを開催する

→ 枝葉

**注意！**

たとえば、「お笑い芸人によるインターネット番組がうまくいかなかった（枝葉がうまくいかない）」から、「若者向けの仕掛けはやらない（幹）」には、ならない

ただ、このときに**幹に問題があるのか枝葉に問題があるのかをごっちゃにしないことが大切**です。幹となるロジックをしっかり組んでいれば、枝葉を修正すればいいはずですが、いつのまにか枝葉を幹のように捉えてしまい、細かいことにこだわりすぎたり、ちょっとうまくいかないと全部やり直しをしなければいけないように感じたりしてしまうのです。

岩波文庫は中高年の読者向けに字の大きい「ワイド版」を出していますが、このロジックの幹となるのは、おそらく「中高年は本を読みたくとも老眼で字の小さな文庫を読むのが辛い。文字の大きな本を作るべきだ」ということでしょう。「文庫のサイズを大きくしてB６版にする」のは枝葉にあたります。サイズが大きいとスーツのポケットに入らないし、本棚に並べにくいので不評ということなら、別のやり方も考えられます。幹はそのまま、「文庫サイズのまま厚くする（分冊にする）」などといった他の方法もきっとあるのでしょう。

## 数字とファクトが変わったら、ロジックも変える

ロジックの幹を書き出す際には、同時に、ロジックの元となった数字、ファクトも書き出して、見えるようにしておくとよいでしょう。時間が経つうちに数字、ファクトは変わることがあり、それに合わせてロジックを変えなければならない可能性もあるからです。

たとえば日本人の金融資産のうち6〜7割は高齢者が持っているというファクトがあります。でもこれは、税制の改正によって大きく変わることがありえます。たとえば、相続税率を高くし、20代・30代の若い世代に対する贈与には税金がかからないようにすれば、高齢者の金融資産は若い世代に移動するかもしれません。このように、ロジックに大きく影響する数字やファクトが変わったならば、ロジックを見直す必要が出てくるでしょう。

このとき元々の数字とロジックを一緒に書いておくと、**数字やファクトが変わったときに気づくので、見直しがしやすくなります。**

ひとつ具体例を挙げましょう。

直近の国勢調査によると、わが国の世帯構成比は、次のようになっています。

- 単身世帯（ひとり暮らし）　32・4％
- カップルと子どもの世帯　27・9％
- カップルのみ（子どもなし）の世帯　19・8％
- シングルペアレントの世帯　8・7％

20世紀のわが国で大多数を占めていたカップルと子どもからなる、いわゆるかつての標準世帯は、すでに3割を切っているのです。

長らく生命保険の主流を占めてきた死亡保険は、子どもの学費を主として担保するものでした。そうであれば、子どものいない世帯にとって、死亡保険は必ずしも必須の商品ではありません。

では、何が死亡保険に代わる必須の商品になるのでしょう。単身世帯にとって、何が最大のリスクとなるのでしょう。

それは、突然難病に襲われたり、大事故に遭遇したりして、長期間働けなくなることです。その確率は死亡の場合と大差ありません。

現に先進国であるアメリカやドイツでは、長期間働けなくなるリスクに対応して、就業不能保険（Disability）がとてもよく売れています。

このように**社会の前提となる数字やファクトが、知らぬ間に変化していることは、実はよくあることなのです**。

こうしたわが国の社会の基礎条件の変化をよく考えて、ライフネット生命は、わが国の生命保険会社の中ではじめて本格的な就業不能保険（「働く人への保険」）を売り出したのです。

06

# 岩盤まで掘り下げる

## 「前提」となっているところを疑う

ここまで、数字・ファクト・ロジックについて説明してきましたが、数字・ファクト・ロジックを実際に使う上でとても大切なことがあります。

それは、「岩盤まで掘り下げる」ということです。

たとえば、皆さんの上司が好みで判断しており、せっかくの提案にノーを出されたらどうすればいいのでしょうか。あなた自身は正しい決断をしているのにもかかわらず、周囲が私情などにとらわれているせいでうまくいかなかったら残念ですよね。しかしここで「上司がバカだから」と愚痴を言っているようではダメです。それでは世界は何も変わりません。

もし上司にノーを出されても、あなた自身がきちんと数字・ファクト・ロジックで武装していれば、反論することができるはずです。ハトのケースを思い出してください。

**提案が簡単にひっくり返されるのは、皆さん自身の土台がグラグラしているからです**。建物を建てるときは、まず地面を深く掘って土台作りをしますね。建物ができたあとはあまり意識されませんが、見えない部分にもちゃんと柱があるわけです。土台があるからこそ、建物が安定します。ベニスは、森の上に建てられた町、気の遠くなるような無数の柱の土台の上の水の都なのです。

何かを決めるときもまったく同じで、前提の部分からしっかり掘り下げて考える必要があります。

僕はこれを「岩盤まで掘り下げろ」という言い方で伝えています。

岩盤まで掘り下げて考えたことなら自信が持てますから、意思決定は簡単です。

しかし、ほとんどの人は、「一般的な社会常識と思われていること」や「過去の実績」「周囲の人の意見」といったところをベースに考えはじめてしまいます。

一般的に言われていること、社会常識だと思われていることをそのまま鵜呑みにするのではなく、「本当にそうか？」「他に違う考えはないか？」と疑ってみる。数字・ファクト・ロジックを使いながら掘り下げて考えれば、「これが答えだ」というものがきっと見つかります。答えが腑に落ちているからこそ、ハッキリと決断ができるのです。人は何事でも、腹落ちしてはじめて主体的に行動できる動物なのです。

ところで、その道のプロや世慣れている人ほどスタート地点が腰高になる傾向があります。掘り下げて考えることを省略し、前提を疑わなくなるのです。

一方、素人は何もわからないのでとことん調べます。掘り下げて考えるのです。ここに、前に述べた「議論に素人を入れる」意味があるのです。常識を疑うことから科学ははじまったのです。

## 素人メンバーがきっかけを作った「夜10時までのコンタクトセンター」

ライフネット生命は、生命保険についてよく知っているプロと、まったく知らないアマが半分ずつというメンバーが集まって、ゼロから創った会社です。

コンタクトセンターを創るとき、まず最初に、他の生命保険会社のコンタクトセンターについて調べました。何時から開いているのかといった単純な事実確認からはじめるわけです。すると、どのコールセンターも朝の9時から夕方の5時か6時までしかやっていませんでした。

アマは「そんなのおかしい」と言います。「この時間帯は会社で働いているんだから、電話できないじゃないか」というわけです。

そこで、24時間体制のコンタクトセンターを創ろうという話になりました。ウェブサイトは24時間オープンしているのだから、コンタクトセンターも24時間が当然だと彼らは考えたのです。

プロジェクトメンバーが僕のところに中間報告に来て、「24時間体制のコンタクトセンターを創っていいですか？」と聞きました。僕は「いいよ」と答えました。

しかし、しばらくしたらまたやって来て「24時間オープンさせる前提でシフトを組んでみたら、社員が誰ひとり土日に休めないことがわかりました」と言うのです。当時の社員は40人くらい。24時間オープンするためには3交代制をとる必要があるのですが、そのように組むと誰も休めないことに気づいたのです。

「夜10時までなら2交代でできるので、社員が土日に休むことができます。ですので、コンタクトセンターは平日は夜10時まで（土曜は夜6時まで）でスタートさせてください」と。

このような経緯を経て、ライフネット生命は業界初の平日夜10時までオープンしているコンタクトセンターを立ち上げることができました。

この意思決定のプロセスは、岩盤まで掘り下げて考え、腑に落ちる解を導き出した一例だといえます（図2－6）。

プロだけで検討をはじめたら、そもそも午前9時から午後6時までのコンタクトセンターに疑問を持たず、業界の常識をそのままあてはめる形でスタートしてしまったかもしれません。

自分のアタマで掘り下げて考え、腑に落ちていれば、上司に何を言われても反

## 図 2-6　岩盤まで掘り下げる

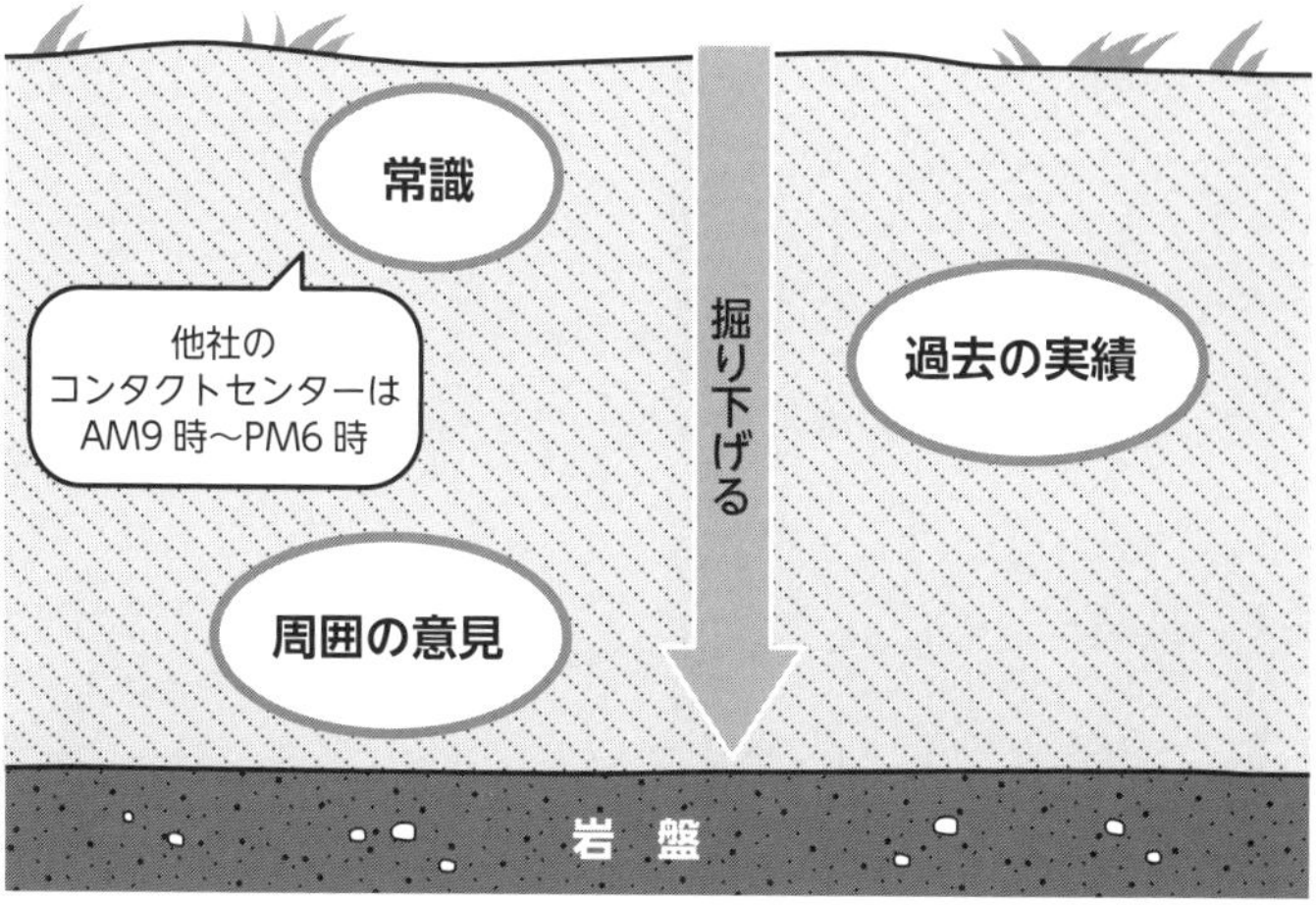


前提になることまで掘り下げて考える

↓

〈電話をかけてくるお客さまの前提〉

働く人は AM 9 時〜PM 6 時の間は電話をかけられない

↓

**業界初の平日夜 10 時までのコンタクトセンターができた**

論ができるでしょう。**自分が本当に納得していることは、そう簡単にダメにはなりません**。しかし、心から納得していないことなら、いくらでも簡単にひっくり返されてしまうのです。

これをお読みの皆さんには、ぜひ前提から岩盤まで掘り下げて考えることを習慣にしていただきたいと思います。何度も言いますが、「常識を疑う」ことから科学ははじまるのです。

## 速く決断したければ「急がば回れ」

決断のスピードを速くしたいばかりに、スタート地点で腰高の人がいます。しかし、岩盤まで掘り下げずに決定したことは、結局あとで崩れてしまい、やり直しになったりして、かえって時間がかかります。

**最初がいい加減だとあとで時間がかかるのは、仕事全般についていえることです。**

最近、経営者向けの講演会でよくこのような質問を受けます。

「PDCAサイクルのうち、PLAN、DOまではできるのですが、CHECK、ACTIONまでいきません。どうしたらいいでしょうか」

僕の答えは、こうです。

「それはPが足りていないのです」

結果の検証が十分できないというのは、往々にして計画が甘いことが原因です。実行自体はいいとして、計画が甘いからチェックができず、したがって改善策もなかなか出てきません。

たとえば「売上10億円」という目標に対して、結果が7億円だとすると、3億円足りなかったことはわかりますが、これだけでは何をどう改善すればいいのかわかりません。しかし、商品Aを500個、商品Bを1000個、商品Cを300個販売することで売上10億円を作る目標になっており、それぞれ販売方法も商品Aはネットで200個、卸売で300個というようにブレイクダウンされていれば、検証は簡単です。実際の数字と突き合わせていき、「ネットでの販売が思ったほど伸びなかった」などと原因を探ることができるでしょう。

「各部門がもっと頑張れば、昨年より10％は売上が上がるはずだ」といった「根拠なき精神論」で計画を立てているから、ＰＤＣＡサイクルが回らないのです。

「急がば回れ」あるいは「ゆっくり急げ」という言葉があるように、スピーディーに進めたいときこそ、最初に時間をたっぷりかけてよく考えましょう。最初の計画の部分こそ、数字・ファクト・ロジックでしっかり考え抜くことが重要です。

# 07 「重い課題」の回答をどのように見るか

この章の最初（57ページ）に、ライフネット生命の新卒採用に使っている「重い課題」をお見せしました。いかがだったでしょうか？

「重い課題」に正解はありません。ですから模範解答もありません。ただ実際の選考の中ではどのようなポイントで見るのかをお話しするために、考え方の一例を次ページからの実際の解答例を見ながら解説しましょう（横書きで左ページからはじまっていることをご了承ください）。

ポイントは数字・ファクトに基づいたロジックが展開されているか、という一点です。

④の子どもの数が減少することは、たとえば、ある特定の病気により子どもが多数亡くなることによって起こる例外的な少子化である。そして、③は、老人の増加に伴い、相対的に子どもの割合が人口に対して低下することである。以上のことから、③と④の定義は病気や高齢化などの原因によって**間接的に引き起こされた「少子化」**ということができる。一方、**①と②の定義は直接的に出生とかかわるため、より「本質的な少子化の定義」（解決すべき課題）**ということができると考える。

では、それぞれの場合の解決策とは何か？

- **出生数が減少した場合**
  →出生数（生まれてくる子どもの数）を増やすためには、産む世代の人数を増やせばよい。
- **合計特殊出生率が人口置換水準を下回る場合**
  →出生率を高めるためには、１人の女性が産む子どもの数を増やせばよい。

しかし、仮に１人の女性が産む子どもの数を増やすことができないならば、長期的に見ればその解決策は効果的とはいえなくなるだろう。つまり、**出生数を増やすよりも合計特殊出生率を高める策のほうがより解決すべき課題**だと考えられる。よって、今回の課題では、**「少子化とは、合計特殊出生率が人口置換水準（2.08）を下回ること」**と定義する。

（117ページへ）

## 重い課題

あなたは、内閣総理大臣から突然の呼び出しを受け、「インターネットの力を活用して、日本の少子化問題の解決に取り組む方法」について提案することになりました。

①日本における少子化の現状とその原因を明らかにしてください。
②そのうえで、あなたが解決すべき課題をあげてください。
③インターネットを使ってその課題を解決するプランを立て、費用対効果とともに提案してください。

## 解答例

### 前提条件

### Qそもそも、「少子化」とはどういうことか？

①出生数が減少すること（生まれてくる子どもの数が減ること）
②合計特殊出生率が人口置換水準を下回ること（1人の女性が一生のうちに産む子どもの平均数である2.08を下回ること）
③子どもの割合が低下すること（老人の増加に伴い相対的に子どもの割合が低下すること）
④子どもの数が減少すること（ある特定の病気により子どもが多数亡くなること）

（Wikipediaより引用。カッコ内は別）

以上は一般的に考えられる少子化の定義である。まずこの課題における「少子化」の定義とは何であるか、ということを考える必要があるだろう。

◉産みたい子ども数

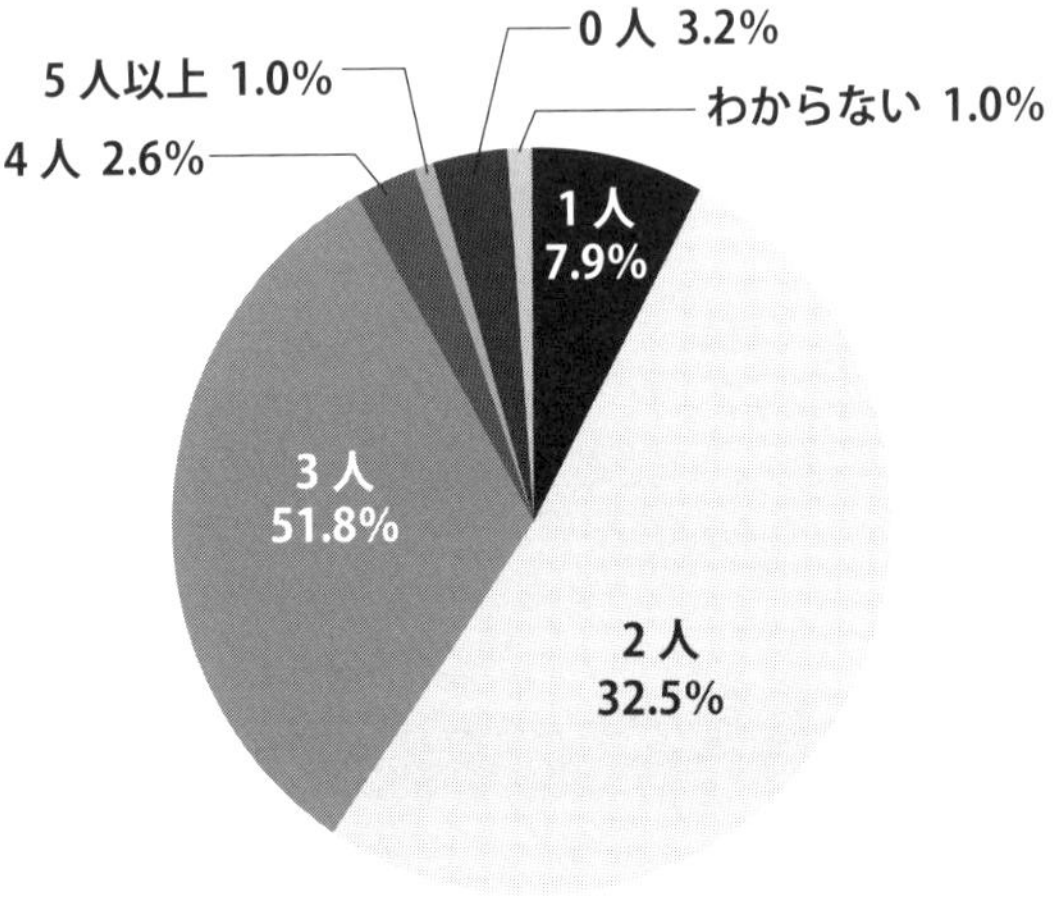


厚生労働省「少子化に対する意識調査（2010年）」より

一方で産みたいと考えている子どもの数は何人なのだろうか。このグラフは厚生労働省が実施した少子化に対する意識調査の中で、産みたい子ども数に関する統計をまとめたものである。グラフからわかるように、子どもを２人または３人産みたい人の合計は84.3%と、非常に高い。

つまり、日本の少子化の現状は、**産みたい子どもの数は多いものの、現実としては産むことができていない**状態といえる。

ここまでのところで、日本の少子化の現状は希望する子どもの数と実際に産んでいる子どもの数の間に大きな乖離が存在していることがわかった。ではその原因は何であろうか？ （119ページへ）

## 小問①

**▶日本における少子化の現状とその原因を明らかにしてください。**

**[解答例]**

「少子化」とは、合計特殊出生率が人口置換水準を下回ることと定義をした。ここでまず、日本の少子化の現状を知るために、日本の合計特殊出生率を知る必要がある。

**◉日本の合計特殊出生率（1985～2009）**

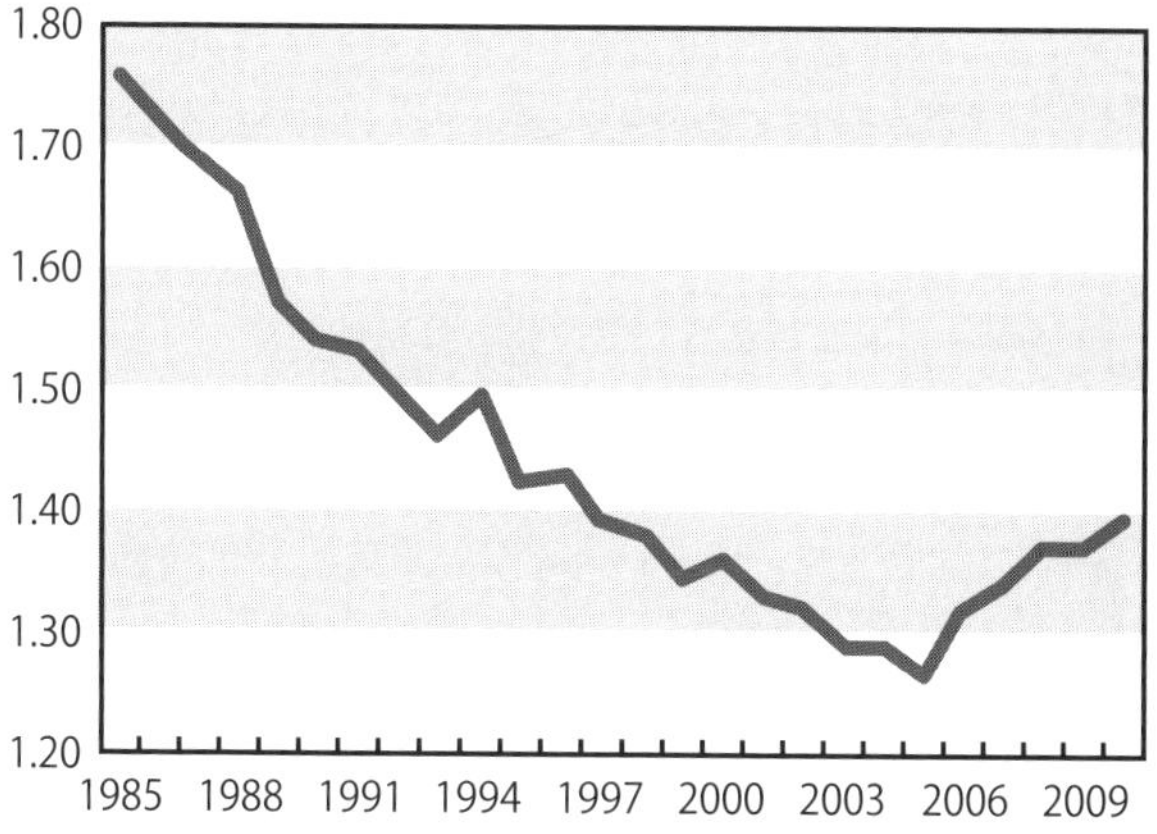


厚生労働省「2010年統計」より

このグラフは1985年から2010年までの合計特殊出生率の推移を表わしたものである。グラフからわかるように、日本の合計特殊出生率は人口置換水準（2.08）を下回り続けている。では、近年はというと2005年度に1.26まで落ち込んだが、徐々に改善し、2010年度は1.39まで上向いた。しかし、まだ低い水準であることに変わりはないだろう。

## 小問②

**▶そのうえで、あなたが解決すべき課題をあげてください。**

子どもを産むことができない理由が「経済的な負担」だとすると、解決すべき課題は大きく２つ存在すると考えられる。

〈課題①〉子育てにかかる費用を下げること（使うお金を減らす）
〈課題②〉世帯収入を増加させること（使えるお金を増やす）

では、これらの課題を解決するためにはどうすればよいだろうか。

### 〈課題①〉子育てにかかる費用を下げる（使うお金を減らす）

ここで考えられる解決策とは、節約・節制することである。つまり、私立に進学させるのではなく公立へ進学させたり、普段の食費や衣料品代を節約することによって家庭全体への負担を減らす方法が考えられる。

### 〈課題②〉世帯収入を増加させる（使えるお金を増やす）

現代の日本では、まだ夫婦のうち男性が稼ぎ頭になっている世帯が主流であるものの女性の就業率は年々上がっており、未婚者の約63%、既婚者の約50%が就労している。つまり、男性・女性が協力して経済的負担を解消すればよいのである。そのためには女性が産後も働き続けることができる仕組みを、今以上に整えていく必要があるだろう。（総務省統計局「労働力調査」より）

（121ページへ）

そもそも、1人も子どもを持たないという女性もいるが、1人目の子どもがいる女性について「2人目を産まない理由」を調査したところ、「経済的な負担」を挙げる人の割合が最も高くなった（暮らしのAll About「二人目の壁とは！？」より、2011年7月5日）。

つまり、1人目の子どもを産む場合でも、2人目を産む場合であっても、子どもを産むことによって発生する経済的負担が、日本の出生率に大きな影響を与えている可能性はある。

**◉子育てにかかる費用@日本**

| | 公立 | 私立 |
|---|---|---|
| 幼稚園（3年） | ¥753,972 | ¥1,615,218 |
| 小学校（6年） | ¥2,004,804 | ¥8,239,104 |
| 中学校（3年） | ¥1,415,256 | ¥3,808,173 |
| 高校（3年） | ¥1,561,509 | ¥3,135,702 |
| 合計 | ¥5,735,541 | ¥16,798,197 |

文部科学省「平成18年度子どもの学習費用調査」より

上の表は、一般的に必要と推定される子ども教育費をまとめたものである。もし大学に進学しようとするならば、この教育費の合計はさらに増加する。また、この表は単に教育費用に焦点をあてたものであり、食費や衣料品代などにかかる費用は考えられていない。つまり、1世帯あたり平均所得金額が400万～600万円であることを考えると、日本で子どもを育てるということは、本当にお金がかかるということができるだろう。（厚生労働省「平成22年国民生活基礎調査の概況」より）

ける保育などは、特に働く女性にとって大きな問題だということがいえる。

ただ、子どもの病気や不定期就労に関してインターネットが解決できるわけではない。行政がなかなか手をつけづらい部分にインターネットという新しい技術を応用していくほうが現実的だろう。

31.5%の人が挙げている「不安や悩みの相談場所」の提供はインターネットが持つ強みを発揮しやすい部分であろう。現在はＳＮＳなどのソーシャルネットワークを通じて、リアルタイムで情報を共有することができる。そのため、子育て中に感じた不安や悩みに対して、本当に多くの人からアドバイスを得ることできる環境があり、実際インターネット上には様々なサイトが存在するが、一方で、情報過多になり何が必要で正しい情報なのか判断しづらいというデメリットも存在する。そこで、その無数に存在する情報をまとめ、利用する側が利用しやすいような情報共有のサイトを作ることを提案したい。

## 費用対効果に関して

共働き拡大のための「育児支援サービスの拡充」に関しては、**費用対効果を算出することが困難である**と考える。とりわけ、情報共有のためのインターネットサイトを作ることに関しては費用に対する経済的効果を生み出すことは難しいだろう。

しかし、たとえばこれから合計特殊出生率が上昇し、人口置換水準に近づけば近づくほど、その他社会保障や医療制度に対してよい影響を与えることができるだろう。また、たとえば子どもが１人産まれることによって、家庭が消費する教育費は少なくとも500万円以上であるため、子どもが増えることは経済によい影響を与えるといえるだろう。

そのため、社会全体として「共働き」を支援するような取り組みに一層力を入れるべきであると考える。

## 小問③

**▶インターネットを使ってその課題を解決するプランを立て、費用対効果とともに提案してください。**

ここまでに、「共働きの拡大」が、経済的負担を解決するための１つの課題ということを述べた。しかし、「共働きの拡大」と一言でいっても、その実現のためには社会全体が協力しなければ達成することは困難である。そのため、今回のインターネットを使った解決案では、「共働きの拡大」を手助けするという方針で提案したい。

### 「共働きの拡大」を手助けするためには？

「共働き」とは、夫婦がともに就労についている状態であるため、就労中の育児環境の整備などの**育児支援サービス**の提案をしたい。

**◉インターネットが取り組むべき課題**

| | |
|---|---|
| 子ども病気時の対応 | 50.0% |
| 不定期就労の保育 | 46.9% |
| リフレッシュの機会 | 45.7% |
| 不安や悩みの相談場所 | 31.5% |
| 子育ての総合的情報提供 | 29.7% |
| 地域ネットワーク | 19.7% |
| 父親参加の意識啓蒙 | 17.6% |
| 子育てのノウハウ教育 | 6.5% |

厚生労働省「2000 世帯へのアンケート（2003 年）」より

上表は少しデータが古いが、育児支援サービスへの期待をまとめたものである。アンケートの回答者には共働き家庭や専業主婦家庭などが混ざっているが、子どもが病気になってしまうことや、不定期の就労にお以上、実際にライフネット生命に入社した社員の解答例を一部割愛しながら、紹介しました（データについては解答を書いた当時の数値となっています）。

この設問では、「重い課題」を抽象的・普遍的に考え、まとめあげる力があるかを見ています。そこで重要なのは、数字・ファクト・ロジックを使って、どのように解決策を導き出すか、です。

課題に答えるために情報を収集し、**情報源からとった数字・データ・ファクトを自分なりの軸で分析できているか**（小問①日本における少子化の現状とその原因を明らかにしてください）、次に**問題の所在を明らかにし、課題を整理できているか**（小問②そのうえで、あなたが解決すべき課題をあげてください）、最後に**自ら設定した課題について解決策を示せているか**（小問③インターネットを使ってその課題を解決するプランを立て、費用対効果とともに提案してください）という順に考えていきます。

解答例では、いきなり小問を考えはじめる前に「前提条件」として、「Q『少子化』とはどういうことか」を自分なりに定義するところから入っています。

「少子化」とは、ある現象を抽象化した言葉ですから、論理的に考えるにあたっては、まず言葉の意味を自分なりに定義する必要があります。

この課題では「日本の少子化問題」など、あえて一般的な言葉を使っています。また、言葉の定義を明らかにすることで、相手と同じものを見ながら、議論を進めていくこともできるわけです。

数字・ファクト・ロジックは確かに大切ですが、考えるべき対象が曖昧なままでは、その上に積み上げられるロジックも明解なものにはならないからです。

何事も、「最初が肝心」です。


小問①、小問②では、数字・ファクト・ロジックから導き出された課題と結びついているか、こうすればプランが実現して効果が上がる、ということを具体的な数字・ファクト・ロジックで説明しているか、というところが大切です。③の解決策は、そのアイデア自体ではなく、様々ある方法の中で、なぜそれを選んだのかという論旨がしっかりしていればよいと思います。

この解答例では、定義も含めた小問①はデータを精緻に分析し、抽象的な問題を深掘りして、うまく自分なりに現状を把握できていると思います。

ただし、そこで力尽きている点は否めません。ここまで分析したのであれば、たとえば、子育て支援策等に関する情報提供の不十分さなど、他の課題も見つかりそうな気がします。情報提供という話になれば、小問③のインターネットでの解決策にもつなげやすいでしょう。

「重い課題」に正解があるわけではありません。どのような分布やプランであれ、すぐにでも実行に移せそうだと感じるほど具体的になっていれば、実際に仕事を任せることができる人だとわかるというわけです。

Chapter 3

# チームで決めるためのルールの作り方

## ──決められない人を「決められる人」に変える

ために

# 01

# 間違いなく物事を進めるために「決める」ルールを作る

## ダラダラと考え続けてもよい答えは出ない

僕は講演会等を通じて知り会った人からさまざまな相談を受けることがよくあります。自分で決めることができないので、「どう思いますか？」とアドバイスを求めているのでしょう。

それ自体はかまわないのですが、どうも最近は、意思決定の仕組みやルール化を知らない人が多すぎると感じています。たとえば先日は、就職活動中の学生から「就職先をA社とB社で迷っています。どちらに決めたらいいでしょうか？」と相談されました。僕はこう答えました。

「まず、**意思決定する日を決めなさい**。それまで大いに悩み、考えなさい。その日が来てもまだ決められなかったら、10円玉を投げて表ならA社、裏ならB社にしなさい」

物事を決めるためには、ダラダラと考えていればいいわけではありません。まずは締切りを設けることです。その日までちゃんと考えれば、たいていは結論が出ます。

締切りの日まで一所懸命考えて、それでも結論が出ない場合とはどういうことでしょうか。A案、B案それぞれのメリット・デメリットを考えあわせても甲乙つけがたいということなのです。それなら、極端な話、どちらでもいいのです。そのまま時間をかけて考え続けても永遠に答えは出ないのですから、10円玉でも投げて決めてしまえばいい。

「来週水曜日の夜10時までに決められなかったら、10円玉を投げて決める」と考えたとします。多くの場合は、タイムリミットが来る前に答えが出て、実際に10円玉を投げることはないでしょう。水曜日の夜9時くらいには、「よしわかった！　こっちにしよう」と思うはずです。

こういった意思決定のルールは自分で自由に作ればよく、最終的にあみだくじで決めるのでもコインを投げるのでもなんでもかまいません。考える期間も特に決まりはありません。仕事の意思決定なら自ずと締切りがあるでしょうが。

「A社からの提案を受けるか否か」を決める必要があるなら、A社への回答日が決まっているはずです。そこから逆算して、自分なりの締切日を設けてください。上司への提案をA案かB案かで決めかねているなら、提案日の前日に決めたのでは遅いでしょう。提案資料の作成などに必要な時間を加味して、余裕をもった締切日を設定します。上司から締切日が明確に示されないこともあるでしょうが、わからなければ「いつまでに提案すればいいですか」と確認すればいいのです。

経営にとって重大な事項であれば、内容によっては1年ぐらい考えて決めるのもいいですが、人間はそれほど賢い動物ではないので、**考え続ければよい答えが出るとは限りません**。「時間は貴重な資源である」ということは覚えておいたほうがいいでしょう。

結局、なかなか決められない人は、自分に合った意思決定のための仕組みやルール化ができていないのです。コインを投げるなどふざけていると思う人がいるかもしれませんが、そこまで悩んで決められないというのは、端から見ればどちらでも同じということだと思います。それなら「決めない」より、「決めた」ほうがいいのですから、コイン投げは合理的なひとつの解決策なのです。

## 「決める」ために、最初に「捨てる総量」を決める

僕が20歳の頃から毎日のルールとして決めているのは、朝1時間複数の新聞を読むことと、寝る前1時間本を読むことです。

そして、これらを実行するために、捨てているものがあります。テレビは見ませんし、ゴルフにも行きません。あれもしよう、これもしようと詰め込めば、結局中途半端に終わってしまいます。要は断捨離です。

快適な部屋は、最低限の必要な家具が揃っていてスッキリとしていますね。気に入ったソファーを見つけたら、部屋に入れる前に古いソファーを捨てる必要が

あります。捨てなければ新しいものは入らないのです。

最初に捨てることはとても大切です。

捨てるときには、捨てるべきものを探すことからはじめるのではなく、捨てる総量をまず最初に決めるべきです。「３割捨てる」とか「ポリ袋３つ分」などと決めて、それに達するまで捨てるものを選んでいくのです。

あれもこれもと手を出して結局中途半端になってしまう人、頑張りすぎて途中で挫折してしまう人、詰め込みすぎて混乱してしまう人は、**最初に捨てる総量を決める**ことを心がけてみてください。

# 02 みんなが「必ず決められる」ルールを作る

## 時間を区切る

決断できない人の共通の特徴は、時間も人も無限にあると錯覚していることです。なんとなく、いくら時間をかけてもいいとか、あるいは管理職の場合は、たくさんの部下を使ってもいいと思ってしまっているのです。

ところが現実のビジネスではそんなことはありえません。時間も有限、人も有限です。限られた経営資源の中で物事を決めなければどうしようもないのです。

「簡単なことなら1週間、難しい案件なら2週間で決断する」というように、時間を区切るクセをつけましょう。まずはそこからです。そうすれば決断すべき内容はさまざまであっても、「期限を決める」こと自体はそれほど難しくはないはずです。期限を決めることさえせずに、問題を先延ばしにしていると、まず決断力はつきません。

時間を区切るクセをつけるために簡単な方法があります。

上司に何か仕事を振られたら、「わかりました」とすぐに取りかかるのではなく、まずはじめに「**いつ報告すればいいですか**」と聞いてください。どんな仕事であっても、言われたことは必ず報告をしなければなりませんから、その報告の日をあらかじめ決めるようにするのです。締切りが決まると、それまでに決めるべきことは自分で決めなければなりませんので、誰でも決断できるようになります。

逆に上司の立場の人は、部下に対して仕事を振るときには必ずセットで期限を提示するようにしましょう。理想は、**求めているレベルも合わせて伝える**ことです。急ぎだからラフなデッサンでいいのか、多少時間をかけても精緻なものがほしいのか。そのタスクの目的に合わせて、締切りを設定するのです。これも「期限」を定めて、「決める」ルールをチーム内に浸透させるために役立ちます。

なお、一番ダメな指示の仕方は「これこれを検討しておくように」というものです。こんな指示では、いつまで経っても誰からもまともな報告は上がってこないでしょう。

## 画一性の錯覚に注意する

ただし、部下やチームにこのルールを徹底させる場合は、「画一性の錯覚」に注意しましょう。これは、どのような案件であろうと、一律のルールを決めてしまおうとすることです。一般にはわかりやすいので、ビジネス書ではよく見かけたりしますね。

たとえば、「部下に期限を提示するときは、本当の期限の2日前に設定する」と一律に決める。すると、うまくいかないケースが出てきます。新人に仕事を依頼したら思った以上にできなくて、修正に3日かかった……ということもあるかもしれません。逆に、この手の仕事に慣れている部下に頼んだら、まったく修正の必要がないこともあるでしょう。

ルールを実際に運用している中で頻繁にうまくいかないケースが出てきたりすると、一度決めたルールもおざなりになります。時々は守り、時々は守らないという状況になる。それはもはや「ルール」とはいえません。

当然ながら、仕事には相手があります。なんでもかんでも一律の考え方でうまくいくわけがありません。相手の状況や個性をよく見て、その人に合った対応をすることが大切です。どの職場や人間関係も世界にふたつとないものなので、一律のルールなど実はどこにも存在しません。すべてはケース・バイ・ケースです。それが、マネジメントという仕事の本質なのです。

なお、決断だけではなく、日常のやるべき仕事についても、時間を区切って自分で自分に課すルールを決めておくのはとてもいい方法です。特に定期的にやらなければならないことがあれば、時間とセットにしたルールを決めておくと、確実に行なうことができると思います。

僕はダイヤモンド社のサイト「ダイヤモンドオンライン」で２０１１年４月から「出口治明の提言：日本の優先順位」という連載を持ち、ほぼ毎週記事をアップしています。

この原稿は日曜日の夜9時から12時の間に書くと決めています。日曜日に講演をし、そのあと懇親会でお酒を飲んでいたりしても、9時からは執筆の時間と決めていますので、8時半には帰るようにしています。睡眠時間は削りたくないので、なんとか12時までに終わらせたいと取り組みますから、集中力も高まります。

「忙しいのに、よく続けられますね」と言われますが、執筆する時間のルールを決めてしまえば、意外と簡単に続けられます。「時間がなくてできない」と言う人は、ルールを決めておらず、たとえば、「時間が空いたらやろう」と考えているからできないのです。

## 数字・ファクト・ロジックの考え方を浸透させるには

ライフネット生命では、「数字・ファクト・ロジックで考える」ということが社員にかなり浸透しています。社員ブログの中には、「おやじの背中はどれくらい大きいか?」を数字・ファクト・ロジックで考えるという、くだらないけれど面白い記事（http://staff-blog.lifenet-seimei.co.jp/2012/11/post_1028.html）があったり、「今日は雨が降りそうかな？」という社員同士の会話でも降水確率を調べて答えているという話があったりします。

こういった記事を見て、「出口ＣＥＯの考え方が社員に浸透しているのがよくわかります。どうやって浸透させているのですか？」と聞かれることがあります。

簡単です。

**言い続けることと、仕組み化すること**です。

本当に重要なことだと思ったら、言い続けなければなりません。こちらが一所懸命言っても、人は意外と聞いていないもの。繰り返し、何度も何度も言って、ようやく伝わりはじめるのです。一度言ったから伝わっているだろうと思うのは人間を知らないことと同義です。言い続けることができないとしたら、それは、本人が腹落ちしていないからです。どこかで聞いた「いい言葉」は、そのときは言えても、言い続けることはできないでしょう。本人が心から思っているわけではないからです。

僕は、会社の朝礼のときや、あるいは全スタッフ宛のメールなど、ことあるごとに言い続けています。

もうひとつ、仕組み化が大切です。言い続けるだけでは人は動きません。「数字・ファクト・ロジック」で考える習慣をつけさせたかったら、考えざるをえない環境を作るのです。

## 上司は答えを出さないこと

考えざるをえない環境を作るためには、上司は簡単に答えを出さないことが大切です。「なぜ、まだ決められないのか」「こんなこともわからないのか」と思っても、じっと我慢しなければなりません。上司が答えを教えてしまったら、部下は考えなくなります。そして、今後はずっと決められない部下にイライラすることになるでしょう。

答えを教えるのではなく、プロセスを共有することで部下に考えて決める力を身につけさせることがポイントです。最初の段階では、**上司は自分で何か決定したことについて、その思考のプロセスを部下に説明するといいでしょう。**数字・ファクト・ロジックを挙げ、「だからこう決定した」と説明します。

格言にあるように「魚を与えるのではなく、魚の釣り方を教える」ことが何よりも部下を育てることにつながるのです。ただ考えろと言っても、考えるクセがついていない人にとってはとても難しいものです。

会社やチームとしても考える仕組みやルールを作っておくことです。

たとえば、ライフネット生命には、「随意契約禁止」というルールがあります。取引をする会社は、すべて競争入札で決めます。どんなに小さな金額の仕事でも、数社に見積りをとり、選んで発注しなければなりません。これはかなり面倒なことです。「選んで、決める」ときには、その根拠を説明する必要があるからです。

たとえば、このような感じです。

「A社、B社、C社の3社から見積もりをとり、検討しました。コスト面ではA社が優れていましたが、B社はアフターフォローがしっかりしていて、安心できます。今回は10日間という短い期間ですので、事前のチェックがどうしても手薄になります。B社なら完成後の改善を依頼できますので、B社に決定したいと思います」

10万円程度の発注額なら、人間はついつい「これまでおつきあいのある会社に頼めばいいか」と考えてしまいがちです。しかし、10万円の仕事をおろそかにする人に1億円の仕事がていねいにできるはずがありません。常に考えるクセをつけるために、このようなルールを決めているのです。

すると、次第に社員の中に判断基準ができていきます。たとえば価格、品質、アフターフォロー、ミスの少なさ、企業の信頼度などのカテゴリがそうです。

そして、**それぞれ比較できるように、その度合いを数字にしてスコアをつけるようになります**。

A社は価格9、品質6、アフターフォロー1、ミスの少なさ5、企業の信頼度5で合計26点。それに対しB社は価格5、品質7、アフターフォロー8、ミスの少なさ5、企業の信頼度5で30点。たとえば、これによってB社のほうが優れていると判断するわけです。

## 部下に任せる

そうはいっても、部下に判断させるのは怖い、という人もいるでしょう。それは任せる仕事を精査すればよいだけの話です。

37ページでリスクについてお話ししましたが、それと同じです。失敗したら会社の存続にかかわるような大きな仕事をいきなり部下に任せるべきではありません。それは体力を超えたリスクです。会社として、部署としてリカバーできる、身の丈にあった仕事であることを確認し、そのうえでその部下に判断させても成功させられそうかどうかを考えればいいのです。

よく「部下になかなか仕事を任せられない上司」がいます。

そういう人に限って、細かく指示を出して自分の思う通りに進めようとしたり、決断するのは上司の仕事だと思っていたりします。

決めるのがリーダーだと言う人もいますが、僕はそう思いません。リーダーは方向を示す人であって、なんでもかんでも決めるのがリーダーではありません。リーダーがすべてを決めていたら、それこそリーダーの顔色をうかがう部下が増えるだけでしょう。数字・ファクト・ロジックではなく、「リーダーが好きそうだから」という理由で提案を持ってくるかもしれません。**部下がとることができるリスクの範囲内で、部下に決めさせることが大切です**。

僕がよく引き合いに出す童話に「裸の王様」があります。

新しい服が大好きな王様のところに詐欺師が持ってきた服は、「自分にふさわしくない仕事をしている人と、バカには見えない」服。そんなものはありはしないのですが、大人たちはみんな、バカだと思われることを怖れて褒め称えます。もちろん王様にも服が見えません。裸で意気揚々とパレードします。

それを指さして「王様は裸だ」と指摘したのはひとりの子どもでした。王様は内心では子どもの言っていることが正しいのではないかと思うのですが、「今さらパレードをやめるわけにいかない」と、さらに堂々と歩くことになりました。

閉じられた共同体の中で快適に過ごす一番簡単な方法は、多少の矛盾や理不尽さに目をつぶってしまうことです。裸の王様に違和感があっても、それに目をつぶって同化してしまえばラクなのです。

しかし、それではイノベーションは起こりませんし、目的に向かって正しい決断をすることもできなくなってしまいます。

リーダーは、自分の周りにいるのが、見えない服を称える大人になっていないかどうか、時々振り返ってみる必要があると思います。そして、「王様は裸だ」と指摘してくれる子どものような人を、決して退けるのでなく、大切にしなければならないのです。

## 「決められない」という相談を受けたら

部下が「決められなくて困っているのですが、どうしたらいいでしょうか」とアドバイスを求めにくることもあるでしょう。

僕は**そういう相談には一切乗らない**ことにしています。

一般に、上司のほうが仕事の範囲が広く、同時に抱えている案件が多いのが普通ですから、部下が抱えている仕事については当の部下が一番よく知っているはずです。それなのに、事情をよく知らない上司がよく知っている部下に教えるなど、何か変だとは思いませんか。まして、部下に代わって決めることなどできません。ですから、「自分で考えなさい」と言って押し返します。

ただし、次のような相談であれば話は別です。
「A案とB案があって、それぞれのメリット・デメリットはこうです。自分としてはこういう根拠からA案に決めたいと思っているのですが、経験不足で視点が足りないかもしれないので、アドバイスをもらえませんか」

つまり、本人の決断とその根拠が明確に示されているときにのみ、相談に乗り、アドバイスをするようにしています。y＝fxのxを増やすべく、僕が気づいた視点を提供します。

上司に「どうしましょうか?」と聞くのは、考えていない証拠です。考えず、したがって決断できないというのは、仕事をしていないということです。そういう部下がいたら、上司は決して、その部下の代わりに決めたりしてはいけません。自分で考えて自分で決める訓練を日常からさせることが必要です。

## コア・バリューを文章化する

ライフネット生命の「幹」はマニフェスト（146ページ図3−1）です。社内で議論が紛糾したときは、必ずマニフェストを読み返すようにしています。そうすれば自ずと問題点が明確になり、解決に向かうことができるのです。

ライフネット生命のマニフェストのように、会社のコア・バリューや社員の行動指針を文章化し、宣言している会社は少なくないでしょう。しかし、それがお飾りになっていて、きちんと機能していないのであれば意味がありません。

大切なのは、**誰が見ても判断できるよう客観的な書き方をする**ということです。

たとえば、ライフネット生命は２０１２年度に15名の社員を中途採用しましたが、うち２名は60歳以上でした。マニフェストに「私たちの会社は、学歴フリー、年齢フリー、国籍フリーで人材を採用する」と明記していますので、60歳以上の人を正社員として採用することに、なんの迷いもありません。「年齢フリー」ですから、年齢を見なくてもいいということが誰にでもわかります。

ところが、もしこれが「高齢化社会、グローバル社会に即した人材を採用する」などという曖昧な記述だったらどうでしょう。それがどのような人材なのかは人によって解釈が異なり、決断することが困難になります。「55歳ならいいかもしれないけれど、60歳を超えた人を正社員として採用したらトップが怒るのではないか」などと想像し、素晴らしい人材であっても不採用にしてしまうかもしれません。

次ページからマニフェストを全文掲載しました。どれも、誰でもがわかる文章になっていると思います。

## 図 3-1　ライフネット生命保険マニフェスト

### 第 1 章　私たちの行動指針

1. 私たちは、生命保険を原点に戻す。生命保険は生活者の「ころばぬ先の杖がほしい」という希望から生れてきたもので、生命保険会社という、制度が先にあったのではないという、原点に。

2. 一人一人のお客さまの、利益と利便性を最優先させる。私たちもお客さまも、同じ生活者であることを忘れない。

3. 私たちは、自分たちの友人や家族に自信をもってすすめられる商品しか作らない、売らない。

4. 顔の見える会社にする。経営情報も、商品情報も、職場も、すべてウェブサイトで公開する。

5. 私たちの会社は、学歴フリー、年齢フリー、国籍フリーで人材を採用する。そして子育てを重視する会社にしていく。働くひとがすべての束縛からフリーであることが、ヒューマンな生命保険サービスにつながると確信する。

6. 私たちは、個人情報の保護をはじめとしてコンプライアンスを遵守し、よき地球市民であることを誓う。あくまでも誠実に行動し、倫理を大切にする。

## 第２章　生命保険を、もっと、わかりやすく

**1** 初めてのひとが、私たちのウェブサイトを見れば理解できるような、簡単な商品構成とする。例えば、最初は、複雑な仕組みの「特約」を捨て、「単品」のみにした。

**2** お客さまが、自分に合った商品を自分の判断で、納得して買えるようにしたい。そのための情報はすべて開示する。
例えば、私たちの最初の商品は、生命保険が生れた時代の商品のように、内容がシンプルで、コストも安く作られている。そのかわり、配当や解約返戻金や特約はない。保険料の支払いも月払いのみである。このような保険の内容も、つつみ隠さず知ってもらう。

**3** すべて、「納得いくまで」、「腑に落ちるまで」説明できる体制をととのえていく。
わからないことは、いつでも、コンタクトセンターへ。またウェブサイト上に、音声や動画などを使用して、わかりやすく、退屈させないで説明できる工夫も、十分にしていく。

**4** 私たちのウェブサイトは、生命保険購入のためのみに機能するものではなく、「生命保険がわかる」ウェブサイトとする。

**5** 生命保険は形のない商品である。だから「約款」（保険契約書）の内容が商品内容である。普通のひとが読んで「むずかしい、わからない」では商品として重大な欠陥となる。誰でも読んで理解でき、納得できる「約款」にする。私たちは、約款作成にこだわりを持ち、全社員が意見をだしあって誠意をもって約款を作成した。

**6** 生命保険は、リスク管理のための金融商品である。その内容について、お客さまが冷静に合理的に判断できる情報の提供が不可欠である。

## 第3章 生命保険料を、安くする

1 私たちは生命保険料は、必要最小限以上、払うべきではないと考える。このため、さまざまな工夫を行う。

2 私たちの生命保険商品は、私たち自身で作り私たちの手から、お客さまに販売する。だからその分、保険料を安くできる。

3 保障金額を、過剰に高く設定しない。適正な金額とする。したがって、毎月の保険料そのものが割安となる。
私たちのシミュレーションモデルは、残された家族が働く前提で作られている。「すべてのひとは、働くことが自然である」と考えるから。そのために、いざという場合の保険金額も、従来の水準よりも低く設定されている。

4 確かな備えを、適正な価格で。私たちの最初の商品は、シンプルな内容の「単品」のみである。良い保険の商品とは、わかりやすく、適正な価格で、いつでもフレンドリーなサービスがあり、支払うときも、あやまりなく、スピーディーであるかが、問われると考える。それゆえに、あれこれ約束ごとを含む、複雑な特約とのセット販売は行わない。

5 事務コストを抑える。そのために、紙の使用量を極力制限する。インターネット経由で、契約内容を確かめられるようにする。

6 生命保険は、住宅の次に高い買物であると言われている。毎月の少しずつの節約が、長い人生を通してみると大きな差になることを、実証したい。

7 生命保険料の支払いを少なくして、その分をお客さまの人生の楽しみに使える時代にしたいと考える。

## 第４章　生命保険を、もっと、手軽で便利に

**1** 私たちの生命保険の商品は、インターネットで、24時間×週７日、いつでもどこでも、申し込める。

**2** 印鑑は使わなくてもよくした。法令上必要な書類はお客さまに郵送し、内容確認の上、サインして返送していただく。したがって、銀行振替申込書以外、押印は不要となる。

**3** 満年齢方式を採用した。誕生日を起点に、一年中いつでも同じ保険料で加入できるように。

**4** 私たちの商品の支払い事由は、死亡、高度障害、入院、手術のように、明確に定められている。この定められた事由により、正確に誠実に、遅滞なく支払いを実行する。
手術の定義も、国の医療点数表に合わせた。この定義の採用は、日本ではまだ少ない。わかりやすくなり、「手術か、そうでないか」の議論の余地が少なくなる。なお、従来の生命保険では、88項目の制限列挙方式が主だった。

**5** 私たちは「少ない書類で請求」と「一日でも早い支払い」を実現させたい。そのために、保険金などの代理請求制度を、すべての商品に付加した。また、お客さまからコンタクトセンターにお電話いただければ、ただちに必要書類をお送りできる体制にした。そして、保険請求時の必要書類そのものを最小限に抑えた。このようなことが可能になるのも、生命保険の原点に戻った、シンプルな商品構成だからである。

**このマニフェストを宣言で、終らせません。行動の指針とします。**
**私たちの出発を、見つめていてください。**

ライフネット生命保険株式会社

ライフネット生命のマニフェストを作るときは、パートナーの岩瀬と徹底的に議論を重ね、それをプロのコピーライターの方に文章化してもらいました。自分たちで書くとどうしても感情的・主観的になってしまうと考えたからです。おかげで、とてもいいマニフェストができたと思います。

コアバリューを文章化する際には、客観的な目でよく見直すことを重視すべきです。部下に「この文章、何を言っているか具体的にわかる？」などと聞いてみて、思ってもみなかった答えが返って来たら、それは「わかりにくい」マニフェストだということです。その場合は、もう一工夫が必要なのです。

## 「少数」だから精鋭になる

保険会社は紙と人でできている会社だと言われたりしています。紙と人を減らすことができればコストが下がり、お客さまが負担する保険料も下げることができます。

ライフネット生命では、紙を減らすひとつの取り組みとして、社内の会議における紙の資料を原則廃止としました。参加者に紙を配るのではなく、たとえば、パワーポイントを使って要点をプロジェクターで映し出します。参加者はその画面を見ながら話を聞きます。

紙を廃止した当初は、それまで配布していた資料をそのままプロジェクターに映していました。しかし、手元の紙と違ってあまり細かい字は読めません。メンバーに「よく見えない」と文句を言われてしまいます。プレゼンターはポイントを絞って大きな字で伝えるようになります。そうして無駄なものが削られ、わかりやすく洗練された資料になっていきます。

紙が無限に使えると、言いたいことを全部書こうとしがちです。調べたこと、知っていることは全部書いて資料にしないと気がすまないのでしょう。でも、**本当に必要なことはそう多くはありません**。パワーポイントで大きな字で伝えるしか他に方法がなければ、自然と不要なものが削られていくのです。

他にも、社内の会議のことでいうと、ライフネット生命では社員数に対して会議室の数を少なめにしています。すると、会議室は予約でいっぱいになるので、ダラダラした会議ができなくなります。時間については原則、報告の会議の場合

### 図 3-2 「決める」仕組みを作るポイント

- **締切りを設ける**
- **みんながアタマを使って考える「ルール・仕組み」を作る**
- **範囲を決めて部下に決めてもらう**
- **大切なことを何度も言う、文書化する**
- **「少数」にする**

は30分、決定の会議の場合は1時間と決めています。予定していた終了時間を過ぎれば、次にそこで会議を行なうメンバーから「早く空けてください」と言われてしまいます。その結果、密度の濃い会議になるのです。

少数精鋭という言葉があります。数は少ないけれど優秀な人たちでことに当たるという意味ですね。ただし、僕の考えでは「優秀な人を集めるから少数で足りる」ということではありません。**少数にすれば精鋭になる**のです。社員の数、会議の時間、資料の枚数……少数にすればすべて自ずと質が高まっていくのです。

Chapter 4

# 動きながら完成させる

## ──トライ&エラーで修正しながら進める

01

# 7割いけると思ったら動く

## トライ&エラーの中で本当にいいものが見つかる

さて、今まで決めるための考え方を紹介してきました。ここまで考えたのなら、絶対に間違いはないのか。

いいえ、そんなことはありません。

ライフネット生命はベンチャーですから、何をするにしてもはじめてのことが多く、試行錯誤だらけです。失敗だってたくさんあります。

**でも、それでいいのです**。

最初から完璧を目指せるほど、人間は賢くありません。時間をかけて考えればいいアイデアが出てくるわけでもありません。岩盤まで掘り下げて考えることは必要ですが、いつまでも考えていてはダメなのです。

7割くらいの確率でいけると思ったら、決めて動く。うまくいかない部分を見つけたら軌道修正し、足りない部分は動きながら完成させていきます。トライ&エラーです。

このとき、失敗したくないからと他社や過去の成功事例などにとらわれないようにしてください。そもそも、人のマネをしてベンチャーが勝てるはずがありません。人と違うことを考えて、実行して、失敗もするけれど、それでようやく大企業に勝てるものが見つかる可能性が生じてくるのです。

試行錯誤の中から残ったものが、本当にいいものです。そうして残ったものに、「数字・ファクト・ロジック」であとから理由づけをしてみても、結局一番腑に落ちるものが残っていることがわかるはずです。

## 全国どこでも手弁当で講演に行く理由

トライ&エラーの一例を挙げたいと思います。

新しい会社について多くの方に知ってもらうためには発信するしかありません。講演会や本の出版が効果的であることは誰でもすぐに思いつくと思います。ライフネット生命も、認知度や信頼度を高めるために僕や岩瀬が本を書いたり講演をして、１人でも多くの人にライフネット生命を知っていただく努力をしています。

ただし、ライフネット生命が行なっている講演会のスタイルはちょっと変わっています。

たとえば、僕は「全国どこへでも10人以上集まっている場に呼んでもらえれば、手弁当で講演に行きます」とツイッターなどで宣言し、「ぜひうちに来て話してください」と言ってくれる勉強会などへ講演に行くというやり方をとっています。多いときは月に20回ほどになります。

「忙しいのに、よくそんな小規模な講演に手弁当で出かけますね」と言われることがあります。

確かに１００人以上は集めないと効率が悪いのではないかとか、全国どこへでも出かけていては他の業務に差し障りが生じるだろうと考える方も多いと思います。

僕も最初は、ライフネット生命のお客さまになるような若い世代の方を100人くらい集めて話をするのが効率がいいと考えました。

しかし、よく考えてみるとこれは非常に難しい話です。

東京のどこかのホールを借りて人を集めるとしても、どうやって若い世代を100人も集めたらいいのか皆目わかりませんでした。まして開業当時は全スタッフで40人程度の会社ですから、その講演会を企画し運営するための労力を割くことすらできませんでした。

講演会をセッティングする会社に依頼して、一度やってみたことがあるのですが、30~40人に話をするのに、会場費や運営費などで結局30万~40万円かかってしまいました。「こりゃダメだ。とても続けられない」と思い、即座にこの方法はとりやめました。

それで、ツイッターなどで呼びかけてみようということになったのです。人数の制限は100人から10人に引き下げました。

話を聞きたいという人に呼んでもらうのであれば、原則としてコストもかからず、人を集めたり会場を借りたりする労力も不要です。

手弁当ですから、講演料はいただいてはいないのですが、これもトータルで見るとほぼゼロになります。なぜなら、講演に呼んでくださるグループの中にはたまには大企業もあり、そういうところは、内部の規定で講演料がいくらと決まっていて、それに応じて支払っていただけるケースもあるからです。それを会社にプールしておきます。東京から福岡に講演に行っても、安い飛行機とビジネスホテルのパックなら3万円くらいですみます。会社にプールしたお金で十分事足ります。

## やってみて最もいい方法を続ける

他に実際にやってみてわかったこととして、小規模であることのよさが挙げられます。個別の質問をたっぷり受けることができますので、「講演者と聴衆」ではなく、お互いにとても近い感じで話をすることができます。

講演のあとには懇親会がセッティングされていることもあり、食事をしながら10人程度の人と話をすると、さらにライフネット生命をよく知っていただくことができるのです。

参加者はインターネットに馴染んでいる方が多く、ブログやフェイスブックなどに講演の感想を書いてくださるのも嬉しいことです。たとえば、福岡の10人に講演で会ったら、その人のフォロワーを含めてあっという間に100人くらいの人にライフネット生命のことを知ってもらえる可能性があるのです。

また、講演会の主催者のほとんどが個人ですから、講演は週末や夜間に集中します。金融機関のトップが得意先と会食やゴルフを行なう代わりに、僕は講演を行なっているわけです。仕事に差し障りが出るはずもありません。

今は年間250回ほど講演をしていますが、講演のためのスタッフは最小限で続けることができています。最初の命題であった「どうすればライフネット生命の認知度をもっと上げることができるか」に対する、最も効率のいい方法がひとつ見つかったわけです。

もっとも、この方法は最初からわかっていたわけではなく、トライ&エラーの中から生まれてきたものです。やってみて、この方法が最も効率がいいとわかったからこそ、続けているのです。

人間はそんなに賢くありません。最初から何もかもわかるはずがないのです。**やってみてダメなら軌道修正すればいい**。トライ&エラーで最もいい方法を見つけていけばそれでいいのです。

## 小さく産んで、大きく育てる

トライ&エラーで大切なのは、「小さく産んで、大きく育てる」ということです。

部下が面白いアイデアを持ってきたら、**できるだけ小さくはじめるようにアドバイスします**。

たとえば、「予算10万円で千代田区だけでやってごらん、うまくいったら予算を10倍にして、東京中に広げていいよ」と。

そうすれば、部下は「よし、頑張って成功させるぞ」という気になるでしょう。うまくいかなかったとしても、別のところで挽回をしようと考えるでしょう。

いきなり身の丈以上のチャレンジをさせて、失敗してしまい、人生の終わりのように意識させてしまったら、うまくいくものもうまくいかなくなるのです。


もうひとつ大切なのは、**「失敗しても怒らない」**ということです。

トライ&エラーですから、失敗は当たり前です。エラーすることは、いわば成功するための前提のひとつです。ですから、トライ&エラー中の1件1件について効率を見てはいけません。全体のパフォーマンスがよければそれでいいと考えるべきです。

ダメな会社は、トライ&エラーのひとつひとつを細かくチェックして「これはなぜ失敗した？」「誰の責任だ？」と社員を詰問します。そんなことをされたら、誰も挑戦したくなくなります。誰もリスクをとりたがらず、したがってリターンも得られない会社になっていくのです。

「トライ&エラーで、小さく産んで大きく育てる」という考え方は、僕が80年代のはじめに日本興業銀行に出向していたときの上司に教わりました。上司はこう言いました。

「時代は変わった。何百億かけて設備投資をしても、鉄を作れば必ず儲かるという時代はもう終わったんだ。これからは先が読めないのだから、小さなアイデアをたくさん出して、当たったものを伸ばしていくしかないだろう」

戦後の日本は、労働力人口は増え続け、為替は固定相場でリスクがなく、高度成長が30年、40年と続き、非常に先が読みやすかった。でも、これからはそうではない。だからトライ&エラーなのです。

日本興業銀行では多くのことを教わりましたが、この考え方は特に僕の血肉になっています。

## やってみてわかる効果もある

試してみて、効果が意外に早くわかるものもあります。

ブログやツイッターなどソーシャルメディアを活用している企業は多いと思いますが、ライフネット生命でも社員ブログや僕自身のブログやツイッターが、ある程度の効果を生んでいます。

社員ブログは、僕が指示したわけでもなく、いわば自然発生的にはじまりました。「みんなが好きでやっているのだから、やめる理由はない」「マニフェストには『顔の見える会社にする』とあるのだから、情報を公開するのはいいことだ」というくらいの意識でした。

しかし、やってみたらあとから思わぬ効果が見つかりました。社員ブログで情報を公開することで、中途採用のコストが下がっていたのです。

中途で入社した社員は、この社員ブログを見て応募してきた人がほとんどです。社員ブログを読むと、たとえばマニフェスト以上にライフネット生命の社員がどんな人か、どんな様子で毎日仕事をしているのかがリアルに伝わります。それをわかったうえで「一緒に働きたい」と思って応募してくださるので、およそミスマッチがありません。

僕のツイッターのアカウントを勝手に作ったのは、20代の社員です。勝手に僕のＩＲ用の写真を入れて登録し、「パスワードはこれこれです。今日から1日5回つぶやいてください」と突然指示されました。

「どうしてこんなものをやらなければいけないんだ？」と聞くと、「お客さまと直接話ができますよ」と。

さらに、「出口さんはいつも『小さく産んで大きく育てろ』と言っていますよね。ツイッターは無料のツールで、面倒な初期設定は全部僕がやりましたから、あとはつぶやけばいいだけです。ダメモトでやってみて、面白ければ続けたらいいだけの話じゃないですか」と言います。

そういうことなら仕方ありません。やってみるか、ということで言われた通りツイッターで投稿をはじめました。やってみると、見知らぬお客さまと直接話ができるので確かに面白い。

そして、今では講演依頼の多くがツイッターを通じて僕に直接来ています。そうこうするうちに、今度は部下にフェイスブックをはじめるよう指示されて現在に至っています。

## 人と同じことをしていたら道は拓けない

そもそも上場企業のトップが自分の名前でツイッターやフェイスブックをやっていること自体が少ないですし、「講演依頼などはまず先に正式な文書で秘書課に送るものだ」というクラシックな考えを持っている人からすれば、常識破りの驚くべきことかもしれません。

しかし、そういった社会常識、社会通念がチャレンジを阻むのです。社会常識に沿って人と同じことをしていたら、ベンチャーに道は拓けません。

「岩盤まで掘り下げる」話でいうと、**社会常識・社会通念は地面（地表）であって、そこからスタートするのは「ラクをしている」ということです。**岩盤は地表のはるか下にあります。

まず、原点に戻ってゼロから考えること。そして、動きながら考え、トライ&エラーで進めていくこと。それこそがチャレンジというものです。

Chapter 5

# 1％の直感に従うために

## ――大切な瞬間ほど直感は閃く

# 01 迷ったら、直感で決める

## やっぱり直感は正しい

僕は、どうしても迷ったら、最終的には直感で決めるようにしています。

これまで「数字・ファクト・ロジック」とさんざん言ってきましたが、それでも決められないことはやはりあるのです。その場で決断する必要があり、データに直接あたる時間をとることができないようなケースもあります。

そういうときは、自分の**直感**を信じて決断します。

直感とは、決して「あてずっぽう」のようなものではありません。無意識レベルでの脳内検索の結果です。「これは大事なことだ」と判断すると、脳がフル回転して、脳の中にある情報を瞬時にサーチし、最適解を見出すのです。これまでの人生で得てきた情報をフルに使って最もいい答えを出しているのですから、それは絶対的に正しいといえます。

経験や知識が少なければ、少ないなりの直感でしかありませんが、その時点ではそれ以上の答えが出せないのですから、やはり直感は「正しい」のです。人は直感を信じて行動するしかありません。

動物である人間にとって、大切な瞬間ほど直感が閃くものです。

たとえば、パートナーを見つけるときなどがそうでしょう。目が合った瞬間に「この人いいな」と思うのは、ロジックで説明することはできません。動物にとってパートナーを見つけることはものすごく大事なことですから、それこそ脳をフル回転させて答えを出しているのです。

他にもわかりやすい例で話せば、災害時など極めて危険な状況から逃げ出してきたときは脳がフル回転しています。火事になったとき、「姿勢を低くして左手で口をおさえ、這うようにして窓に近寄って右手で鍵を開けて……」などと理路整然と考えて動く人はまずいないし、そういった余裕があるはずもありません。

生きるか死ぬかの瀬戸際では、脳はひとつひとつの行動をいちいち意識の部分に上げたりはしません。そんな時間はないのです。無意識に直感に従って行動した結果、「無我夢中で逃げ出し、気づいたら外にいた」という状況になるのです。直感が助けてくれたのです。

## 大量のインプットで直感の精度が上がる

わが国最高の脳研究者のひとりである池谷裕二さん（東京大学大学院薬学研究科准教授）は、直感は経験を積むほどに精度が上がると述べています。直感のもととなるのは「方法記憶」だからです。

自転車に乗るときは全身のさまざまな筋肉を使っていますが、あまりに動きが複雑で、それをすべて意識することは困難です。でも、実際は方法記憶として無意識の脳に残っているため、筋肉の動きを意識しなくても自転車に乗ることができます。直感はこれと同じで、**意識はできなくても無意識の脳が膨大な量の情報を処理して答えを導いてくれている**のです。

パートナー選びにしても、経験が少ないうちは失敗するかもしれませんが、だからといってじっとしていては直感の精度は上がりません。いつも現時点での直感を信じて、失敗してもいいから行動することが大切です。

意識はできなくても、さまざまな情報が無意識の脳に投げ込まれることによって、いざというときピンとくるようになるのです。

「天才」と呼ばれる人たちも、大量のインプットによって、直感の精度が高くなっているのでしょう。アウトプットまでの過程を論理的に説明することが困難なので、「天才」と呼ばれているのです。

天才的な音楽家の坂本龍一さんは、「自分には才能なんてない」と言われていました。独創的な音楽を作曲している坂本さんですが、もともと独創性があったわけではないというのです。ただ、ご両親が音楽のレコード、カセットテープをなんでも買ってくれたので、クラシックからジャズからロックから浪花節に至るまで、それこそ寝ている間も24時間音楽を聞いていたそうです。このように様々な音楽を聴いたので、無意識のうちに脳に音符が大量にインプットされたのでしょう。作曲をするようになったとき、脳の中に蓄積された古い音符が勝手に組み合わさり、音楽となって出てくるそうです。

直感は、今まであなたが生きてきて、インプットされたものの集積です。まずは「直感は正しい」ということを信じていただきたいと思います。

## 直感で動くことができない理由

いくら直感が優れていても、その判断を自らの行動に落とし込むことができなければ意味がありません。

人が直感で動くことができない理由は大別してふたつあります。

ひとつは、**「仕事がすべて」と思いすぎている**ことです。失敗したら人生が終わるかのように考えているので、決断すること自体が怖いのです。そういう人は、直感が選んだ選択肢があっても、論理づけをしないと不安になります。「絶対にこっちが正しい」と思える理由を探して回りますが、少しでも「正しくなさそうな理由」が見つかると心配になり、結局別の選択肢を選んでしまったりします。直感を素直に信じることができないのです。

もうひとつは、**「人にどう思われるか」といった、仕事に直接関係ないことを考えてしまうこと**です。上司や周囲に褒められたいというのも、仕事の目的からしたら本来はまったく関係のないことです。そういった余計な考えにより頭にもやがかかってしまい、直感も働かなくなるのです。

「愚痴を言う。人を羨む。人に褒めてほしいと思う。人生を無駄に過ごしたかったらこの3つをどうぞ」という言葉を先日ツイッター上で見かけました。

人間は弱い生き物ですから、たまには愚痴も言いたいし、人を羨ましく思ったり、褒めてもらいたいとも思うものです。でも、そんなことばかりを気にしていたら、人生が無駄になってしまう。

愚痴は何も生み出しません。済んだことは返りません。自分にはない能力や財産を他人が持っていることについて、羨んだり妬んだりしたところで、意味はありません。人に褒めてほしいがために行動するのは、自分の人生を人に委ねてしまっているようなものです。「天知る地知る我知る」であれば、それでいいではありませんか。自分を戒めるために、とてもいい言葉だなと思いました。

直感を実際の行動に活かすには、「仕事は多くて人生の3割くらいのものなのだから（1年は8760時間、うち仕事はせいぜい2000時間）、思い切ってやろう」と考えること、そして周囲の評価よりも自分の直感を信じることです。人に褒めてもらうために動くのではなく、自分が正しいと思ったことを信じて動くのです。

## 失敗すれば多数派

失敗するのが怖い人には、「失敗すれば多数派」という言葉を贈りたいと思います。

人間の歴史をながめてみると、世界を変えようとして新たに行動した人の99％は討ち死にしていています。志を成し遂げることができないまま、生涯を終えています。

教科書に出てくるような偉人は、成功を成し遂げた1％の人だからこそ偉人なのであって、同じように世界を変えることを志していても無名のまま敗れ去っていった人がたくさんいるのです。その偉人だって、成功までには数多くの失敗を経験しています。

よく知られている通り、発明王のトーマス・エジソンも、電球を発明するまでに何百回も失敗しています（「私は失敗したことがない。ただ、うまくいかない一万通りの方法を見つけただけだ」という言葉が有名です）。

**行動して失敗したら、それはあなたが多数派であったという、ただそれだけのことです**。気に病む必要はまったくありません。「やはり、簡単ではなかった」というだけのことです。あるいは、エジソン流に言うなら「うまくいかない方法を発見した」だけのことです。

ただし、行動しなければ絶対に成功はありません。

99％失敗するという現実を踏まえたうえで、それでも失敗を恐れない人々の1％の成功へのチャレンジが、実際に世界を変えてきたのです。

失敗するのが怖くて決められないという人は、歴史を勉強してください。伝記を読んでください。先輩たちはみんなもっともっと失敗していることがわかるでしょう。

## 直感で決めたことを他人に説明する

直感で決断した場合、それを他人に説明することができないので嫌だという人がいます。すべて論理立てて説明することができないと不安になってしまうということのようです。

直感で決めたことを、他人に説明するのは確かに困難です。「最後は直感で決めた」と言うしかありません。

しかし、決めるに至るまでのプロセスではさまざまなことを考えているはずです。数字・ファクト・ロジックもあるはずです。ですから、数字・ファクト・ロジックで決定したことを説明するのと同様に、決定の根拠を説明し、そのうえで「AとBまで絞って、それぞれにこういうメリット・デメリットがあるが、最後は直感で決めた」と言えばいいのです。

説明を聞くほうも、ただただ直感で決めたと言われれば不安になるでしょうが、そこに至るまでのプロセスを聞けばたいていは納得できるはずです。

なお、女性は直感が鋭いとか、感覚的にものを考えがちで論理性が乏しいと言う人がいたりしますが、僕はこの種の説には懐疑的です。旧来型の男性優位のビジネス社会で、「女性はビジネスに向かない」と言いたいがためにでっち上げたものが多いのではないでしょうか。僕は、ビジネス上、原則として男女の差はないと思っています。意思決定のプロセスを論理的に説明することが苦手な女性がもしいるとしたら、それはそういった訓練を受けていないというだけのことではないでしょうか。

## 自信がなくても決める

直感で「こっちだ」と思っても、それに自信が持てないこともあるかもしれません。数字・ファクト・ロジックで説明できればまだ自信も持てるでしょうが、説明できないのが「直感」ですから、無理もないことです。

しかし、自信がないからといって決断を先延ばしすることはさらに意味がありません。とにかく時間を区切って決めるしかないのです。決める訓練を通じて、自信はついていくものです。

結果的にうまくいかなかったとしても、その経験があなたの直感をさらに鋭く鍛え上げることでしょう。

## 冷静さを失ったときは

仕事は人生の3割と考えていても、心に余裕をもてずに、腹が立ったり冷静さを失ったりすることも多々あるでしょう。人間はそもそも感情の動物ですから、誰しも感情的になる瞬間はあります。頭に血がのぼっているときは直感も働きにくく、いい決断ができません。そういう場合はどうしたらいいのでしょうか。

僕は自分が感情的になっていると感じたときは、**美味しい食事やコーヒーなどで一呼吸置くことにしています**。ランチに行って美味しいものを食べると、さっきまで怒っていたことがバカバカしく思えてきます。食事を終えて仕事に戻る頃には、冷静さを取り戻していますから、ちゃんと考えることができるのです。イライラしながら「落ち着け、落ち着け」と自分に言い聞かせようとするより、はるかにいい方法です。

フランスでは、「カップルが喧嘩をしたら星を食べに行け」と言われているそうです。ミシュランの星付きのレストランに行って食事をすれば、仲直りできるという意味です。前菜、魚料理、肉料理……と次々に美味しいものが出てきたら、もう怒りの感情などは忘れてしまいますよね。食事代はそれなりにかかるかもしれませんが、双方の機嫌が元に戻るような「いい時間」をお金で買っているわけです。

仕事中、頭に血がのぼったら、コーヒーを淹れて飲む、トイレに立つなどするのもいいでしょう。ちょっとしたブレイクを入れるだけで、いつもの自分を取り戻すことができます。

冷静さを失いそうになったときは、時間の助けを借りることが最もいい処方箋です。

# 02 直感を鍛えるために

## 直感を鍛えるためのインプット

すでにお話しした通り、直感とは、ある時点でその人の脳をフル回転させたときに出てくる解決策です。無意識の中で、その人が持っているすべての情報を一気に集め、フル回転させて答えを出します。過去の蓄積が少なければ少ないなりの直感、多ければ多いなりの直感が生まれます。ですから、**直感はその人にとって常に正しい**のです。今後さらに情報が増えていけば、もっと別の選択肢が出てくるかもしれませんが、今の直感が「今の自分のベストの解」なのです。

直感を鍛えるためには、インプットを増やすことです。無意識の脳に投げ込まれた経験や情報が多くなればなるほど、直感の精度は高まっていきます。

僕が皆さんにお伝えしたい直感を磨く方法は、さまざまな場所へ行って知見を広める、本を読む、人に会うということです。僕にとっては、「旅・本・人」がインプットの源なのです。

## 旅……想像していたものと違う発見がある

旅は重要なインプットの方法です。

たとえば桜島について本で読むのと、実際に現地に行ってこの眼で降り積もった灰を見るのとではまったく感じ方が違います。その大きさや形状を知り、降灰など周囲の環境を勉強して「こんな感じなんだろう」と想像していても、実際に現地に行くとまた違った発見があると思います。まことに「百聞は一見にしかず」です。それは、五感すべてが働くからです。

海外旅行も今はそれほど贅沢なレジャーというわけではありません。国内でアポイントをとって一流の著名人に直接会うよりも、むしろ実現のハードルは低いのではないでしょうか。国内旅行と同じくらいの金額で行ける海外ツアーはたくさんありますし、ロンドン、パリ、ニューヨークなど人気の高い都市でも季節を問わなければ10万円を切るチケットを探すことも可能です。

日本では金銭的なことよりも、まとまった休暇がとれるかどうかが問題なのかもしれませんが、メリハリをつけて働けば誰でも1週間程度の休みはとれるはずです。僕は30歳頃から、夏と冬に原則2週間の休暇をとっていました。上司に嫌な顔をされたことはありますが、実際に2週間の休みをとっても、業務上は何の問題も生じませんでした。

日本の古いタイプの上司は、休まずに働いている部下を見ると「頑張っている」という評価をしがちですが、休まず働くことが何も尊いわけではありません。頑張るときは頑張って、休めるときにはしっかり長期休暇をとるほうが一般にモチベーションは高くなるものです。

## 本……実体験と変わらない影響力を持っている

旅、本、人によるインプットの中で最も費用対効果の高いものは本でしょう。

本の中では、僕はいつも古典を読むことをすすめています。昔から現代まで多くの人に読み継がれている古典は、超一流の人が書いたものです。何事であれどうせ誰かに教えてもらうのなら、超一流の人に教えてもらったほうがいいに決まっています。それが1000円やそこらで買えるのですから、こんなに費用対効果の高い方法はありません。

時々、昔に書かれた本は今の時代には役に立たないと言う人がいますが、そんなことはありません。

人間の脳は、この1万3000年ほどほとんど進化していません。たとえば、「韓非子」を読むと、現代の大企業の人間模様とソックリだなと思う場面によく出くわします。2000年以上の昔から、人間の組織内におけるポリティックスは何も変わっていない。その中でどう考えるのか、どう行動するのか、「韓非子」から人間に対する洞察力を深く学ぶことができます。

また、自分が経験したことや直接会って話を聞いた人からでないと学べないと考えている人がいるようですが、そんなことはありません。

実は脳の中では、実際に経験したこととイメージしたこととではたいした差はありません。目の前の現実も、映画のような映像作品も、同じように視覚や聴覚を通じて脳に入ってくる情報です。映像作品のほうがリアリティを持ち、人間にとって影響力が強い場合もあります。

影響力は掛け算で決まります。たとえば、能力が10の人に直接会って話を聞いたら、迫力（対面影響力）が10として10×10＝100の影響力です。能力が1000の人の話を本で読んだら、迫力は10分の1かもしれませんが、1000×1＝1000ですから同程度の影響力があるわけです。

能力10×迫力10＝影響力100
能力100×迫力1＝影響力100

僕は本が大好きで、すぐ熱中してしまい、本から影響を受けやすい性質なので、迫力5くらいになるかもしれません。すると、能力100×迫力5で影響力は500です。たとえば、僕が本を読んで影響を受けたモンゴル帝国の五代皇帝クビライのほうが、目の前にいる偉い上司よりも、5倍の影響力があるのです（図5－1）。

なお、僕の本の読み方ですが、本を手にとって最初の5ページを読んで面白くなかったら読むのをやめます。つまらないものを我慢して読むのは時間の無駄というもの。最初の5ページがつまらなければ、最後まで面白いはずがありません。

逆に、最初の5ページで面白いと思った本は最後まで読み切ります。中途半端にすることは一切ありません。オール・オア・ナッシングが僕の信条です。

## 人……「イエス」という答えが出会いを広げる

人に会うことも直感を磨くための大切なインプットですから、僕は、誰かに「会いたい」と言われたら、よほどスケジュールに支障がない限り、原則として断らないようにしています。30歳で上京した頃から、面会や会合の誘いは都合がつく限り断らないと決めているのです。これも自分で決めたルールのひとつです。

「この人に会っても仕方ないかな」「この会合は面白くなさそうだな」といった

## 図5-1　影響力の掛け算

直接会う
影響力
能力が10の人　×　目の前にいる迫力　10　＝　100
目の前の上司
本を読む
影響力
能力が100の人　×　目の前にいる迫力　5　＝　500
クビライ・カアン
目の前の上司よりクビライのほうが５倍影響力がある

予断をはさむのは、まことにもったいないことです。せっかくの出会いのチャンスを自ら潰してしまうのですから。偶然の出会いの中からこそ、その後の人生に大きく影響するような人に出会ったり、面白い情報をもらえたりするのです。「こんな人に会うぞ」と決めて出かけていったときのほうが、期待通りの結果にならずガッカリしたという経験を持つ人も多いのではないでしょうか。

行ってみてつまらなかったら帰ればいいだけのことです。「体調がすぐれないので」「仕事を残しているので」と言って30分ほどで切り上げれば、カドも立ちません。

## 先人の思考のプロセスを追体験する

人間は決して賢くないという話をしました。賢くないだけではなく、人間はとても不器用な動物です。簡単なことも、人に教えてもらって、訓練してはじめてできるようになります。

スキーを例に考えてみましょう。スキーは、原理原則だけで考えれば誰でも滑ることができる簡単なスポーツです。滑りやすい雪の斜面を、ワックスを塗ったつるつるの板の上に人間が立つだけですから、「滑りやすい×滑りやすい」で、めちゃくちゃ滑りやすいスポーツですね。

でも、はじめてスキーをする人は滑れません。ちょっと滑ってはすぐに転んでしまいます。上手な人に教えてもらって、練習して、やっと楽しめるくらいに滑れるようになるのです。

まったく同じように「考える」ということも、人から教わる必要があります。このとき、誰にでも教われればいいというわけではなく、考えるプロに教えてもらったほうが、早く上達します。スキーにしても、友達に教わるよりも少しお金を出してプロに教わったほうが上達が早いはずです。

ですから、考える力をつけるためには、一流の考え方をしている人から教わることがまず大切です。

身近にそういった人がいればいいですが、いなければ本を読みましょう。

そのとき、**結論を知ろうとするのではなく、「思考のプロセス」に注目します**。先人たちの思考のプロセスを追体験するように読むことで、考える訓練ができます（図5－2）。

たとえばアダム・スミスの『国富論』を読むということは、アダム・スミスが導き出した「市場経済のメカニズム」という結論を知ることではなく、そこに至るまでのアダム・スミスの思考のプロセスを追体験することが重要なのです。

これも僕が日本生命時代に先輩から教わったことですが、「人の話を聞く」とは、その人がある意見に賛成か反対かなどの考えを知るために耳を傾けることではありません。その人の考え（結論）を知るだけなら1分で済みますが、それでは意味がありません。ある人がA案に賛成だというなら、どのように考えてA案に賛成という結論を導き出したのか、その人の思考のプロセス、思考のパターンを知ることが大切なのです。それが「人の話を聞く」という本当の意味なのです。

たとえばTPPに関する議論がよく聞かれますが、賛成か反対かという結論自体は極論すればどうでもいいのです。賛成なら賛成で、どのように考えてその結

図5-2　「思考のプロセス」を読む

結論ではなく

どのような

数字　ファクト　ロジック

で**結論**を出したのか

を理解しよう

論にたどりついたのかが大切です。そこがわからなければ、きちんとした反論もできません。

物事をあまりよく考えないアホな人は、「ＴＰＰに賛成している人は進歩派、反対している人は保守派」といったレッテルをつけたがります。しかし、そんなことはまったく重要ではありません。**生産的な議論は、相手がどのような数字・ファクト・ロジックで結論を出したのかを理解することからはじまる**のです。

本を読むときも人の話を聞くときも、結論だけに注目するのではなく、その結論に至った思考のプロセスを理解する努力をしてみましょう。思考のプロセスを追体験することによって、はじめて思考力が身につくのです。

## 「常識」を疑うために仕事以外で学ぶ

インプットは、仕事に関連したことだけで行なうものではありません。

多くの人は、「仕事によってのみ自分を成長させられる」という変な思い込みがあったり、プライベートな時間を仕事よりも一段下に見ていたりします。まず、この思い込みから逃れる必要があるでしょう。

仕事の中で学ぶことは確かに多いのですが、**仕事ばかりに意識がいっていると、職場や業界の中での「常識」を疑えなくなります**。岩盤まで掘り下げて考えることが難しくなり、その結果、決めることができなくなります。

僕は日本生命という日本の典型的な大企業に34年間勤めていました。「それなのに、どうして出口さんは柔軟な考え方ができるのですか？」と質問されたりすることがあります。

非常におかしな質問だと思いませんか。

質問者は、きっと「大企業に長く勤めた人間は、その企業のやり方・思想にドップリつかっているに違いない」という思い込みの上に立っているのでしょう。それがそもそもおかしいのです。

僕はたくさんの旅をして、たくさんの本を読み、たくさんの人に会ってさまざまなインプットをしてきました。会社の先輩方に教わったことはもちろん多いのですが、積極的に外に出かけ、さまざまな本を読み、社外の人と多く会うことで直感を磨いてきたと思います。

ビジネスの判断に必要なインプットは、突き詰めて考えれば人間と人間が作る社会について深く知ることです。その意味で、世界を知り、歴史に学び、人と会うことは欠かせません。旅・本・人に勝るインプットはないといえるでしょう。

終章

# 人生の30％に過ぎない仕事で、どう決断していくか

## ――よく生きるために

01

# 決断できない人の根本的な誤解

## 仕事は人生のたった3割

ここまで読んでも、「仕事についての決断がどうしてもできない」という人がもしいたとしたら、それは人生について根本的な誤解があるのだと思います。

まず前提として、そこにはふたつの勘違いがあるように思います。

ひとつは、**仕事が自分の人生にとって重要だと思いすぎていること**です。

僕はよく「仕事は3割」と言っていますが、これには根拠があって、一生のうち仕事をしている時間はどのくらいかというところから導き出しています。

生まれてから死ぬまでの時間を80年間として考えると、その間で仕事をしている時間は、どんなに残業の多い職場で仕事をしている人であってもせいぜい2割から3割程度です。残りの7割は何をやっているか。食べて、寝て、遊んで、子育てをしているのです。

ということは、人生で最も大切なことは、この「食べて、寝て、遊んで、子育てをする」時間を誰と一緒に過ごすかではないでしょうか。プライベートの時間を一緒に過ごすパートナーや仲間を見つけることのほうが、仕事よりはるかに難しく、かつ人生に深く影響するのです。

一方、仕事をしている時間はたったの3割で、いってしまえば「たいしたことのないもの」。たいしたことはないのだから、思いっ切りやればいいのです。失敗したり、上司に嫌われたりすればお先真っ暗だと思っている人は、仕事が人生の9割くらいを占めていると錯覚しているのです。

もうひとつは、**仕事で決断することは難しいと思いすぎていること**です。

本当は、仕事の決断はプライベートにおける決断よりはるかに簡単です。会社には定款があり、就業規則があります。明確なルールと、「収益を上げる」という目標があります。それがブレイクダウンされて各自の仕事になっているわけです。労働法規も皆さんを守ってくれます。

**AかBかで迷ったときは、仕事の目的に沿って検討します**。どちらがより目的に適っているかで選べばいいのです。こんなに簡単なことはありません。

ところが、恋人や夫婦間における決断は、こうはいきません。明確なルールなどどこにも存在しないし、目的も人それぞれでしょう。人間同士の赤裸々な力関係があるだけで、正しい解はないのです。

それに比べれば、仕事には90％くらいの正しい解があるといっていいでしょう。さすがに100％正しいとはいえませんが、ルールや目的にほぼ適っている解が必ずあります。きちんと考えれば、正解にたどりつくことはそれほど難しいわけではありません。

それなのに、仕事で決断ができない人は、恋愛でもしているように仕事のことを考えてしまっているのです。

こういった勘違いが仕事のうえでの判断をややこしくしています。

僕が読者の皆さんにおすすめしたいのは、まずは自分にとっての仕事の位置づけをあらためて考え直してみることです。

ほとんどの人はただ漠然と「仕事はものすごく重要なもの」「失敗できないもの」と思っています。

僕は人生の時間から3割と導き出しましたが、他の方法でもいいでしょう。仕事が5割だと考えても、それ以外の人生がまだ5割もあります。

失敗したって、「それがすべてではない」と十分考えることができますね。

## 上に立つ人ほど、「仕事は3割」

経営者やマネージャーなど、上に立つ人ほど「仕事が人生」「仕事が100%」と考えてしまいがちです。

しかし、これはまったくよくありません。

そういう人は趣味嗜好を仕事に持ち込み、部下を自分の好みに変えようとしたりします。

**要するに仕事の私物化です**。

部下に自分と同じくらい仕事を愛してほしい、もっと本気でやってほしいと思いすぎるのもその一例でしょう。

そういう人は本来の仕事の目的とは関係のないところで、必要以上に感情的になったり、自分の考えに固執したりします。それはどう考えても合理的ではありませんね。「好み」で決めようとするからややこしくなります。

「仕事の美学」などと言う人がいますが、何を美しいと感じるかは個人の主観によるもの。個人的な価値観で仕事上の判断が左右されたら、普通の人はたまったものではありません。

上司がこういう勘違いをしていると、部下はその「好み」に合わせようとします。本来の会社の目的を考えるのではなく、上司の顔色をうかがうようになります。余計なことを考えてしまい、決断しにくくなる。そして、会社がおかしくなっていくのです。

上に立つ人間ほど、**「仕事は3割」**と考えたほうがいいでしょう。私情や趣味はそれこそ7割のプライベートの中で大いに発散させればいいのです。

## 「人生の3割」を、世界経営計画のサブシステムにつなげる

「仕事は3割」といっても、その3割の仕事にどういう意味があるのかをよく考えることがとても大切です。

皆さんは、「自分にとって、働くとはどういうことか」考えてみたことはありますか？

僕自身が考える、働く意味についてお話ししておきましょう。

まず大前提として大切なのは、仕事には「自分自身を食べさせるためにお金を稼ぐ」という意味があることです。

僕はベンチャー企業の会長兼ＣＥＯということもあり、忙しくて昼食を抜くことがよくあります。そうすると、午後3時頃にはお腹がすき、イライラしたりし

てしまいます。

人間は、どんなに立派なことを言っても動物なのです。「衣食足りて礼節を知る」という言葉があるように、きちんと食事ができなければ、正しい態度や行動をとれないし、何より飢えて死んでしまいます。自分で稼いでゴハンを食べて、はじめて人間は自立するのです。

ただし、日に3度食事ができれば人間は満足するのかというと、そうではありません。これは2000年以上も前に「人はパンのみにて生くるにあらず」と聖書に書かれている通りです。

では、パンのみでないもの（生きがい）とは何なのか。僕は**「世界経営計画のサブシステム」**と呼んでいます。この世界をどのようなものとして理解し、どこを変えたいと思い、自分はその中でどの部分を担うのか、ということです。

すべての人は、その人なりに周囲の世界を理解しています。その世界とは、全宇宙・全世界に限らず、生命保険業界、出版業界のような業界かもしれないし、所属している地域や会社、家族かもしれません。そして、その世界に100％満足している人はまずいないでしょう。人間には向上心があるので、どこかを変えたい、もっとよくしたいと思っているはずです。

つまり、**どんな人でも世界経営計画を持っているのです。ただ、ひとりで世界を変えることは難しい**。世界経営計画のメインシステムは神様しか担うことができません。でも、人間はその一部なら担うことができます。これが「世界経営計画のサブシステム」の意味なのです。

仕事を「世界経営計画のサブシステム」と捉えることと、「たった3割のこと」と捉えることは矛盾なく両立します。「たった3割のこと」にもどういう意味があるのかを、僕なりに岩盤まで掘り下げて考えました。そして、この考え方がとても腑に落ちています。

仕事と自分の人生の関係について、ぜひもう一度考え直してみてください。それについて腑に落ちるまで考えることができれば、あなたの決断力、直感力はさらに磨かれていくはずです。

## 「いいことも、悪いことも書いてください」　編集後記

私はこれまでライターとして約30冊のビジネス書にかかわり、さまざまなメディアで経営者や起業家の方に取材をさせてもらってきた。その中で、最もインパクトがあったのが、出口治明氏である。

はじめてお会いしたのは２０１３年の春、出口氏は飾らない笑顔で、にこやかに迎え入れてくれたのだった。そして、いざ取材スタートというときに、こう言うのだ。

「取材の感想を、いいことも悪いことも、どんなことでもいいからあなたの言葉で書いてください」

私は驚いた。「うまくまとめてください」と言われたことはあっても、「どんなことでも書いてください」などと言われたことははじめてだ。しかも自分の言葉で。私は最初から熱くなった。

そして、約9時間に及ぶ取材の中で繰り広げられる圧倒的な知恵。その言葉は

出口氏自身が考え抜いたからこそ出てくるものである。一方の私は、自分なりに考えてきた質問も、それ自体が常識に染められていて、考えの浅さに恥ずかしくなる。それでも出口氏は穏やかに、「そう思わない？」とたびたび言ってくれるのだった。

取材後、どれだけの人に出口氏の話をしたかわからない。友人に仕事の相談をされたときも「出口社長ならきっとこう考えるかな。数字・ファクト・ロジックでね」なんて、生意気にも語り出してしまう。そのくらい、私自身の考え方に深く影響したのである。

本書で語ってくれたことは、普遍的であると思う。簡単ではないが、出口氏の思考に触れ、少しずつ努力を重ねれば、ビジネスだけでなく人生がよりよくなると確信している。

最後に、このようなページをいただけたことに改めて感謝したい。ありがとうございました。

取材・構成担当／小川晶子

出口治明（でぐち　はるあき）
ライフネット生命保険株式会社代表取締役会長兼CEO。1948年、三重県生まれ。京都大学法学部を卒業後、1972年、日本生命保険相互会社入社。企画部や財務企画部にて経営企画を担当するとともに生命保険協会の初代財務企画専門委員長に就任し、金融制度改革・保険業法の改正に従事。ロンドン現地法人社長、国際業務部長などを経て退職。2006年に生命保険準備会社を設立、代表取締役社長に就任。2008年の生命保険業免許取得に伴い、ライフネット生命保険株式会社を開業。2013年より現職。著書に『生命保険入門　新版』（岩波書店）、『直球勝負の会社』（ダイヤモンド社）、『「思考軸」をつくれ』（英治出版）、『部下を持ったら必ず読む「任せ方」の教科書』（KADOKAWA／角川書店）、『仕事に効く　教養としての「世界史」』（祥伝社）などがある。

**早《はや》く正《ただ》しく決《き》める技術《ぎじゅつ》**

2014年5月1日　初版発行

著　者　出口治明 
発行者　吉田啓二

発行所　株式会社 日本実業出版社　東京都文京区本郷3－2－12 〒113-0033
大阪市北区西天満6－8－1 〒530-0047
編集部 ☎03－3814－5651
営業部 ☎03－3814－5161　振　替　00170－1－25349
http://www.njg.co.jp/

印刷／壮光舎　　製本／若林製本

この本の内容についてのお問合せは、書面かFAX（03－3818－2723）にてお願い致します。
落丁・乱丁本は、送料小社負担にて、お取り替え致します。

ISBN 978-4-534-05183-7　Printed in JAPAN